本书获得"中央高校基本科研业务费专项资金(TD2011-15)"的资助

犯罪未成年人的
社会适应及其影响因素

Social Adjustment of Juvenile Delinquents:
The Characteristics
and Factors

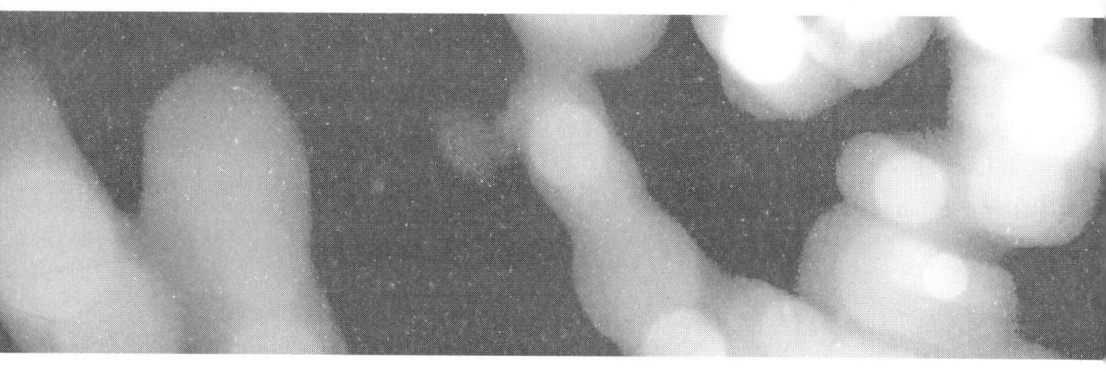

金灿灿 著

中央编译出版社
Central Compilation & Translation Press

目 录

前 言 ………………………………………………………………… 1

第一章 文献综述 ………………………………………………… 1

  1 中国未成年人犯罪现状 ………………………………………… 1

  2 未成年人犯罪的界定和分类 …………………………………… 4

    2.1 未成年人犯罪的界定 ……………………………………… 4

    2.2 未成年人犯罪的分类 ……………………………………… 5

  3 未成年人犯罪的相关理论 ……………………………………… 7

    3.1 控制理论：犯罪是失控的结果 …………………………… 7

    3.2 社会学习理论：犯罪是模仿学习来的 …………………… 8

    3.3 多元性犯罪原因论：犯罪是内外因相作用的动态产物 … 9

    3.4 问题行为理论：犯罪是复杂的社会心理网络导致的 …… 9

  4 犯罪未成年人的社会适应 …………………………………… 12

    4.1 社会适应的界定 ………………………………………… 12

    4.2 社会适应的测量 ………………………………………… 15

    4.3 犯罪未成年人社会适应的特点 ………………………… 17

  5 犯罪未成年人社会适应的影响因素 ………………………… 19

    5.1 个体因素 ………………………………………………… 20

5.1.1　人格 …………………………………………… 20
　　5.1.2　自我控制 ……………………………………… 22
　　5.1.3　情绪智力 ……………………………………… 23
　　5.1.4　社会问题解决能力 …………………………… 24
　5.2　家庭因素 …………………………………………… 26
　　5.2.1　家庭社会经济地位和家庭结构 ……………… 26
　　5.2.2　亲子关系 ……………………………………… 27
　　5.2.3　父母关系 ……………………………………… 30
　　5.2.4　家庭功能 ……………………………………… 31
　5.3　危险性因素和保护性因素 ………………………… 31
　　5.3.1　危险性因素和保护性因素的界定 …………… 31
　　5.3.2　危险性因素的理论模型 ……………………… 33
　　5.3.3　保护性因素的理论模型 ……………………… 37
　　5.3.4　犯罪未成年人社会适应的危险性
　　　　　和保护性因素 …………………………………… 41

第二章　问题提出 ………………………………………… 43

1　本研究拟探讨的问题 …………………………………… 43
　1.1　犯罪未成年人社会适应的特点 …………………… 43
　1.2　个体因素对犯罪未成年人社会适应的影响 ……… 44
　1.3　犯罪未成年人的家庭环境状况的特点
　　　及其对社会适应的影响 ……………………………… 46
　1.4　保护性和危险性因素对犯罪未成年人
　　　社会适应的影响机制 ………………………………… 48
2　研究意义 ………………………………………………… 50

  2.1 理论意义 …………………………………………… 50

  2.2 实践意义 …………………………………………… 50

 3 总体研究思路和内容 ……………………………………… 51

第三章 犯罪未成年人社会适应的特点 ……………………… 53

 1 研究目的 …………………………………………………… 53

 2 研究假设 …………………………………………………… 53

 3 研究方法 …………………………………………………… 54

  3.1 被试 ………………………………………………… 54

  3.2 研究工具 …………………………………………… 55

  3.3 研究程序 …………………………………………… 56

 4 结果分析 …………………………………………………… 57

 5 讨论 ………………………………………………………… 59

 6 小结 ………………………………………………………… 61

第四章 个体因素对犯罪未成年人社会适应的影响 ………… 63

 1 研究目的 …………………………………………………… 63

 2 研究假设 …………………………………………………… 64

 3 研究方法 …………………………………………………… 64

  3.1 被试 ………………………………………………… 64

  3.2 研究工具 …………………………………………… 65

  3.3 研究程序 …………………………………………… 66

 4 结果分析 …………………………………………………… 66

  4.1 犯罪未成年人和普通中学生的情绪智力和

    社会问题解决能力的差异比较 ………………… 66

4.2 社会问题解决技能在情绪智力对社会适应
　　　　的预测中的中介作用 …………………………………… 68
　　　　4.2.1 情绪智力对犯罪未成年人的社会适应的预测 … 68
　　　　4.2.2 社会问题解决能力对犯罪未成年人的
　　　　　　 社会适应的预测 ……………………………… 71
　　　　4.2.3 社会问题解决技能在情绪智力对社会
　　　　　　 适应的预测中的中介作用 …………………… 74
　　4.3 个体保护性和危险性因素影响犯罪未成年人
　　　　社会适应的理论模型检验 ……………………………… 76
5　讨论 ………………………………………………………………… 78
　　5.1 犯罪未成年人和普通中学生的情绪智力和社会
　　　　问题解决能力的差异比较 ……………………………… 78
　　5.2 情绪智力和社会问题解决能力对社会适应的预测作用 … 79
　　5.3 个体保护性因素和危险性因素对犯罪未成年人
　　　　社会适应的影响 ………………………………………… 82
6　小结 ………………………………………………………………… 83

第五章　家庭环境对犯罪未成年人社会适应的影响 …………………… 84
1　研究目的 …………………………………………………………… 84
2　研究假设 …………………………………………………………… 85
3　研究方法 …………………………………………………………… 85
　　3.1 被试 ……………………………………………………… 85
　　3.2 研究工具 ………………………………………………… 85
　　3.3 研究程序 ………………………………………………… 88
4　结果分析 …………………………………………………………… 88

  4.1 犯罪未成年人与普通中学生家庭环境的比较 ………… 88
    4.1.1 犯罪未成年人与普通中学生的家庭基本状况 … 88
    4.1.2 犯罪未成年人和普通中学生的亲子关系比较 … 92
    4.1.3 犯罪未成年人和普通中学生的父母关系、
      家庭功能比较 ……………………………………… 94
    4.1.4 亲子关系、父母关系与总体家庭功能的相关 … 96
  4.2 家庭环境对犯罪未成年人社会适应的预测 ……………… 96
  4.3 家庭保护性和危险性因素影响犯罪未成年人
    社会适应的理论模型检验 ………………………………… 99
 5 讨论 ………………………………………………………………… 102
  5.1 犯罪未成年人的父母社会经济地位和家庭结构
    特点及其对社会适应的影响 …………………………… 102
  5.2 犯罪未成年人和普通中学生的亲子关系、父母
    关系和家庭功能比较 …………………………………… 104
  5.3 家庭环境对犯罪未成年人社会适应的预测 …………… 106
  5.4 家庭保护性因素和危险性因素对犯罪未成年人
    社会适应的影响 ………………………………………… 107
 6 小结 ………………………………………………………………… 109

第六章 保护性和危险性因素对犯罪未成年人社会适应的影响 …… 111
 1 研究目的 …………………………………………………………… 111
 2 研究假设 …………………………………………………………… 112
 3 研究方法 …………………………………………………………… 112
  3.1 被试 ……………………………………………………………… 112
  3.2 研究工具 ……………………………………………………… 112

  3.3 研究程序 ……………………………………… 113
4 结果分析 …………………………………………… 113
  4.1 家庭环境、情绪智力和社会问题解决技能对
    犯罪未成年人社会适应的预测 ……………… 113
  4.2 家庭危险性因素和个体危险性因素对社会
    适应的影响 ……………………………………… 115
  4.3 家庭保护性因素和个体危险性因素对社会
    适应的影响 ……………………………………… 117
  4.4 家庭危险性因素和个体保护性因素对社会
    适应的影响 ……………………………………… 119
  4.5 家庭保护性因素和个体保护性因素对社会
    适应的影响 ……………………………………… 121
  4.6 危险性因素和保护性因素指数对社会适应的影响 …… 123
5 讨论 ………………………………………………… 124
  5.1 家庭环境、情绪智力和社会问题解决技能对
    犯罪未成年人社会适应的预测 ……………… 124
  5.2 犯罪未成年人个体、家庭保护性和危险性因素
    对社会适应的影响 …………………………… 125
6 小结 ………………………………………………… 127

第七章 综合讨论和结论 …………………………… 128

1 对犯罪未成年人社会适应的理论思考 ……………… 128
2 理论模型的验证发展和丰富了问题行为理论 ……… 130
3 本研究对预防犯罪的启示 …………………………… 133
  3.1 关注和监控问题行为 ………………………… 133

  3.2 增强个体自身素质 ………………………………… 134
  3.3 营造和谐的家庭环境 ………………………………… 135
4 本研究的创新之处 ………………………………………… 136
  4.1 全面考察未成年人社会适应的特点 ………………… 136
  4.2 引入情绪智力和社会问题解决能力等新的
    个体因素探讨犯罪未成年人社会适应 ……………… 137
  4.3 全面考察家庭因素对犯罪未成年人社会适应的影响 … 137
  4.4 进一步验证和推进了保护性和危险性因素的理论
    模型，揭示了其对社会适应的影响机制 …………… 138
5 本研究的不足与展望 ……………………………………… 138
6 研究结论 …………………………………………………… 139

附录1 调查性题目 …………………………………………… 141
附录2 社会适应问卷 ………………………………………… 144
附录3 问题行为问卷 ………………………………………… 147
附录4 情绪智力问卷 ………………………………………… 149
附录5 社会问题解决能力问卷 ……………………………… 151
附录6 父母社会支持问卷 …………………………………… 154
附录7 父母教养行为问卷 …………………………………… 156
附录8 亲子冲突问卷 ………………………………………… 158
附录9 父母亲密问卷 ………………………………………… 159
附录10 父母冲突问卷 ……………………………………… 160
附录11 总体家庭功能问卷 ………………………………… 161

参考文献 ……………………………………………………… 162
后 记 ………………………………………………………… 183

前　言

1

2002年6月16日，一个再普通不过的日子，然而这一天发生的震惊全国的北京"蓝极速"网吧纵火案却令人刻骨铭心。

凌晨2点40分，位于北京海淀区学院路20号院内一栋小楼2层的名为"蓝极速"的网吧突然起火。霎时间，烈焰滚滚，势不可挡，大火还引起电器设备和显示器屏幕玻壳爆炸。网吧唯一的门被锁，窗户也被铁护栏封死，网吧内的人无路逃生。火灾当场烧死20人，17名伤者送医抢救，5人不治身亡。这是新中国成立以来北京市群死群伤最多的一场火灾，其始作俑者却是几名十三四岁的中学生。他们因和网吧服务员发生纠纷后起意报复，故意纵火将网吧点燃。人们之所以对此案无比震惊，不仅因为火灾造成的伤亡和损失程度，更主要的是为几名未成年中学生的罪行竟如此恶劣，如此危害社会和他人而触目惊心。

2006年2月17日，浙江省杭州市萧山区发生一起令人震惊的女高中生被害分尸案。随后这一消息被警方证实。5名加害者悉数被杭州警方抓获。令所有人惊异的是：他们竟是死者的同学，其中两人为未成年人。

被告人陈洁曾因殴打被害人陈红被公安机关处罚过，陈洁怀恨在心，图谋报复。2006年2月17日晚，陈洁等三人预谋后，打电话把陈红从家里骗出来,随后陈洁又打电话叫来自己的另一名同学及同学的男友,5人轮流殴打陈红。为防被害人事后报警,当晚11时左右,他们将其带至同学家的三楼卧室,在陈洁提议下,5人轮流用水淹、捂嘴、枕头蒙头、掐颈、塑料袋套头、腰带、围巾勒颈等残忍方法,致陈红死亡。为掩盖罪行,5人又商量决定把被害人分尸,其中两人分别用杀猪刀、钢锯分尸并将其分装三只编织袋内。第二天凌晨及晚上,又分两次将装有陈红尸块的编织袋分别抛入钱塘江及垃圾场中。

在法庭判决前陪审员说了一段话:"本案从庭审到现在公开宣判,我的心里都非常难过,非常沉重。难过的是一张张稚气未脱的脸站在被告席上……我无法理解也无法想象,你们小小的年龄会这样心狠手辣,会这样残忍地对待和你们年龄相仿的被害人。沉重的是你们的犯罪是我们教育的失败,是家庭教育、学校教育、社会教育的失败……"[①]

这起命案不仅毁了6个孩子的前途,撕裂了6户家庭,也又一次引起人们对于未成年人犯罪的关注。

2011年9月17日晚,犯罪嫌疑人16岁陶某因追求被害人周某(系陶某初中同学)不成,产生报复心理,来到被害人周某家中,将事先准备的灌在雪碧瓶中的打火机燃油泼在周某身上并点燃,致使周某面部、颈部等多处烧伤。

周某的小姨说:"我听到一声惨叫,跑过来发现孩子已被大火淹没了,陶某不停喊'去死吧'。我赶紧用被子扑火,并拨打120。"其小姨说,陶某在旁一直无动于衷。

惨剧发生后,小周在医院重症病房,抢救了7天7夜才脱离生命危

---

① 见2006年8月22日《都市快报》报道,http://news.sina.com.cn/c/l/2006-08-22/043910790704.shtml.

险,但伤势依然极为严重,其头部、面部、颈部、胸部等被严重烧伤,一只耳朵也被烧掉了,烧伤面积超过30%,烧伤深度达二度、三度,整个人面目全非。①

据报道陶某在网络上经常骂人,即使遇到和自己无关的事情也是如此,经常主动挑衅,显得很不正常。这种举动很可能显示他是一个唯我独尊、对别人毫不在乎、以羞辱捉弄别人取乐的人,有较为严重的暴力倾向。正是这种暴力倾向对他人造成了无可挽回的伤害,重创了整个社会的良知。未成年人犯罪的危害如警钟一般再一次被敲响。

2013年2月,北京市海淀分局接到一女事主杨某报案称,李某(某著名艺术家之子,时年17岁)等人与其在海淀区一酒吧喝酒后,使用暴力殴打、言语恐吓等手段强迫威胁,将其带至海淀区湖北大厦某房间,在违背其意愿的情况下先后与其发生性关系。经过侦查,北京警方于两天后的零时在朝阳区某温泉停车场内将李某等四人抓获。李某因涉嫌强奸罪被警方刑事拘留。恰好在两年前,驾驶轿车的李某因前方轿车车主拐弯没开转向灯,伙同另一人将车主夫妇二人暴打3分钟,鲜血从夫妻二人的头上淌到了脸上,事后共缝了11针。李某也因为寻衅滋事被收容教养,后提前释放。② 两起连续的恶性事件发生后,全社会一片哗然,除了对李某的家庭教育的诸多质疑之外,更多的是对未成年人犯罪的低龄化以及性质恶化的一种担忧。

目前,未成年人犯罪已经被认为是与环境污染、贩毒吸毒并列的当今世界的三大公害之一。未成年人犯罪的危害不仅仅在于它妨碍了个体

---

① 见2012年2月25日《中安在线》报道,http://ah.anhuinews.com/system/2012/02/25/004792755.shtml.

② 见2013年2月22日《中国新闻网》报道,http://www.chinanews.com/yl/2013/02-22/4588928.shtml.

自身健康发展，而且严重影响社会稳定，更重要的是未成年人正处于可塑性极强的发育期，若此时染上不良恶习，走上犯罪道路，很可能终生犯罪，成为个体和社会的一大顽疾。因此，如何有效地预防和干预未成年人犯罪就成为迫在眉睫的问题。

通常而言，犯罪是社会适应不良的结果。未成年人在适应社会的过程中遭遇了失败和挫折，没有把握住与他人、同社会和谐共处的机会。若是能够有效干预和阻断不良社会适应，使得未成年人获得相对良好的社会适应，就可能极大减轻未成年人犯罪现象。由此，本书拟探讨犯罪未成年人社会适应的特点及其影响因素，希望能有效干预和阻断不良社会适应，提升积极社会适应，以最终达到控制和干预未成年人犯罪，使社会更加和谐的目的。

2

本研究在描述犯罪未成年人社会适应特点的基础上，比较了影响犯罪未成年人和普通中学生社会适应的个体和家庭因素的差异，探讨了两类因素对犯罪未成年人社会适应的影响机制，同时为更好地预防和控制犯罪，本研究也从危险性因素和保护性因素这一独特角度考察犯罪未成年人社会适应的影响机制。

具体而言，本书分成七个部分。第一章系统介绍了中国未成年人犯罪的现状、界定和分类以及相关理论，同时也阐述了犯罪未成年人的社会适应及其影响因素。其中，未成年人犯罪的相关理论涉及控制理论、社会学习理论、多元性犯罪理论和问题行为理论等。犯罪未成年人的社会适应主要探讨了社会适应的界定、测量以及犯罪未成年人社会适应的特点。犯罪未成年人社会适应的影响因素则从个体和家庭因素、危险性因素和保护性因素①两个角度切入。后面章节所涉及的有关理论问题都在这一章中有所介绍，这就避免了在后面各部分的实证分析中插入理论陈述或文献讨论。

第二章主要提出了四个研究问题，并论述了研究的意义和总体研究思路和内容。四个研究问题分别是：（1）犯罪未成年人社会适应的特点；（2）个体因素对犯罪未成年人社会适应的影响；（3）犯罪未成年人的家庭环境状况特点及其对社会适应的影响；（4）保护性和危险性因素对犯罪未成年人社会适应的影响机制。这分别对应了后续的四个实证研究，即第三章到第六章的内容。研究意义包括理论意义和实践意义两方面。在本章最后笔者使用了框架图将研究问题、分析方法和预期结果联系到一起，提出了简要的总体研究思路。

第三章到第六章均为实证研究部分。第三章探讨了犯罪未成年人社会适应的特点。本章通过比较低问题行为的普通中学生、高问题行为的普通中学生和犯罪未成年人的社会适应状况，明确了犯罪未成年人社会适应八个维度的特点。

第四章探讨了个体因素对犯罪未成年人社会适应的影响。本章首先关注了以往青少年犯罪研究中较少关注的个体变量——情绪智力和社会问题解决能力——的状况，在明确两者特点的基础上，进一步分析了情绪智力和社会问题解决能力对犯罪未成年人社会适应的影响，并从保护性因素和危险性因素角度分析了个体因素对犯罪未成年人社会适应的作用。

第五章分析了家庭环境因素对犯罪未成年人社会适应的影响。本章

---

① 保护性因素和危险性因素的内容也可参阅《青少年的社会适应：保护性因素和危险性因素及其累积效应》（金灿灿等，2011）中的相关论述。

首先探讨了犯罪未成年人的家庭环境状况，包括父母社会支持、父母教养行为、亲子冲突、父母亲密、父母冲突和总体家庭功能等，随后分析了家庭环境对犯罪未成年人社会适应的影响，随后也从保护性因素和危险性因素角度分析了家庭因素对犯罪未成年人社会适应的作用。

第六章从保护性因素和危险性因素及其累积作用的角度关注了犯罪未成年人社会适应。本章首先分析了个体和家庭因素对社会适应的作用效果，然后将个体和家庭因素按照保护性因素和危险性因素进行了划分，形成了家庭危险性因素、家庭保护性因素、个体危险性因素和个体保护性因素四类，将家庭危险性（保护性）因素与个体危险性（保护性）因素结合后，进一步考察了四种因素类型对犯罪未成年人社会适应的影响。

第七章为综合讨论和研究结论部分。本部分对犯罪未成年人社会适应有关问题进行了理论思考，认为研究结果发展和丰富了问题行为理论，也总结出预防犯罪需要注意三大方面，并在最终提出了本研究的创新之处、不足和展望。

此外，本书最后还有11个附录，主要是调查中使用的问卷和心理学量表。附录1为与人口学变量有关的调查性题目，附录2为社会适应问卷，附录3为问题行为问卷，附录4为情绪智力问卷，附录5为社会问题解决能力问卷，附录6为父母社会支持问卷，附录7为父母教养行为问卷，附录8为亲子冲突问卷，附录9为父母亲密问卷，附录10为父母冲突问卷，附录11为总体家庭功能问卷。这些附录可以让读者直观地了解针对犯罪未成年人和普通青少年的社会适应及其影响因素测量工具，以便更好地理解测查的内容。

第一章 文献综述

1 中国未成年人犯罪现状

近年来，未成年人犯罪已成为全世界瞩目的社会问题。全球未成年人犯罪不仅人数激增，而且涉及面广。我国的情况也非常类似。据统计，十一五期间，我国判决的青少年犯罪 5 年间增长 12.6%，未成年人犯罪增长的情况更为突出，5 年上涨了 68%（刘春芳、陶炜、田芬，2011）。在全部犯罪人员中，青少年犯罪比例最高，青少年犯罪总数已经占到了刑事犯罪总数的 70% 以上，其中十五六岁未成年人犯罪案件又占到了青少年犯罪案件总数的 70% 以上。如今，未成年人犯罪已被国际社会列为世界第三大公害（法帮网，2010）。

20 多年来，我国未成年人犯罪大致经历了两个阶段：改革开放至 20 世纪 80 年代，我国未成年人犯罪呈现一个较高的增长态势；虽然上世纪 90 年代到 21 世纪初，未成年人犯罪总量有所下降，但又出现了一些令人担忧的质的变化（郗杰英，2002）。进入 21 世纪以来，随着我国经济迅猛发展、市场经济地位的进一步确立以及与之相伴生的失业、教育产业化、贫富悬殊等社会问题，社会矛盾日益加剧，未成年人犯罪也呈现出一些新的特点和趋势（张远煌、姚兵，2010）。具体表现在：

（1）犯罪成员低龄化继续发展

犯罪低龄化是21世纪以来未成年人犯罪的最重要的特征。从2002到2005年，青少年作案平均年龄下降2岁，由22岁降到20岁，而且14—16岁未成年人犯罪状况日益严重。2002年对全国10个省市2780名未成年犯的研究发现，他们的平均犯罪年龄为15.73岁，2009年调查发现未成年犯实施犯罪的平均年龄为15.56岁，短短7年时间，未成年人犯罪的平均年龄就有不小的降幅（张远煌、姚兵，2010）。

除犯罪的平均年龄降低外，犯罪成员低龄化还包括其他两层含义：一是犯罪高峰年龄提前，二是初犯的年龄越来越小。犯罪相对集中的年龄段就是犯罪高峰年龄。根据1995年调查结果，14—15岁的未成年犯人占全体未成年犯的33.4%，16—17岁的未成年犯人占未成年犯人数的66.6%。2009年调查显示，未成年犯中14—15岁实施犯罪的占47.2%，16—17岁年龄段人数则占全体未成年犯的52.7%。经过15年左右的发展，未成年人犯罪的高峰年龄明显提前，如果不加以有效干预的话，在2015年前，14—15岁的未成年犯的人数很可能会超过一半。初犯年龄是未成年人第一次实施犯罪时的年龄，当然也包括在未达刑事责任年龄时实施严重危害社会行为的情况。虽没有明确的数据进行对照，但已有区域性的资料表明，从20世纪90年代开始，重庆市不满14周岁的少年儿童作案人数一直呈增长态势（刘长琨、陈田、夏以群，2006）。1992年河北省14岁以下低龄作案人数为365人，2002年急剧增长到705人，增长了93.2%，其增长速度超过社会整体犯罪和未成年人整体违法犯罪的增长速度（薛静，2006）。河北省在押未成年犯中，不良行为初始年龄在14岁以下的占到了55.5%。被捕年龄14岁的占10.4%，15岁的占24.7%，16岁的占32.3%，17岁的占32.6%（丁飞，2009）。

(2) 团伙犯罪的组织化程度明显提升

限于未成年人的生理和心理特点,团伙犯罪一直是其犯罪的主要形式,团伙犯罪的数量和比例呈逐年上升的趋势(戴宜生,2002)。据北京市高级人民法院统计,2000年在审理未成年人犯罪的案件中,共同犯罪的案件占犯罪总数的一半以上(迟滨光,2002)。近年来不仅仅团伙犯罪的比例上升,更重要的是团伙犯罪的组织化程度迅速提升。调查显示,近一半的团伙犯罪有明确的支配者,存在明确的指挥与被指挥的关系。某些未成年人犯罪团伙的核心成员能够以其煽动性的号召力,对其他成员发挥组织、领导和指挥的作用。这样的一些犯罪团伙,通过核心成员对其他团伙成员进行必要的分工协作,来提高其犯罪能力,也进一步形成具有稳定性较强的未成年人犯罪组织(张远煌、姚兵,2010)。由于实践中对未成年人犯罪从宽处置的倾向,其犯罪团伙规模更容易扩大,组织趋于严密,有进一步向黑社会性质有组织犯罪方向演变的倾向(张应力、涂学华,2005)。

(3)犯罪类型多样化,有从财产型犯罪为主向以暴力型犯罪为主转化的趋势

多年来,以盗窃为主的财产犯罪占据了未成年人犯罪类型的主要位置。但近来未成年人犯罪表现出多样化的趋势,主要表现为抢劫、盗窃、聚众斗殴,甚至是故意杀人,其中暴力型犯罪占较大比例,有极大的社会危害性(吴昀昇、许学军,2009)。以天津为例,1999年青少年使用暴力手段的犯罪达到51.6%,比1993年上升22%,明显高于全体罪犯的43.9%(丛梅,2002)。研究表明,20世纪90年代以来,未成年人犯罪中,增长最快的是抢劫。1985年至1995年,未成年人抢劫的人数从916人增加到26154人,年增长率为70.86%,尤其是90年代之后,呈直线上升趋势(戴宜生,2002)。调查显示,2009年北京、湖北和贵州三地的未成年人犯罪中,抢劫和故意伤害、

强奸和故意杀人等暴力型犯罪的比率达到83.4%（张远煌、姚兵，2010）。由此可以看出，以暴力犯罪为主的多样化犯罪类型已成为目前未成年人犯罪的趋势。

（4）智能化犯罪和通过网络结社的犯罪增多

目前，未成年人犯罪已开始向智能化方向发展，并采用现代化的一些技术手段和方法实施犯罪。具体表现在犯罪嫌疑人伪造证件、信用卡，利用高科技手段破译和盗用他人密码窃取钱财，制造电脑病毒等。还有的青少年利用自己掌握的科学技术制造电匕首、电击发手枪、麻醉剂等等。以北京为例，每年查获上述违法犯罪青少年人数占青少年犯罪总数的10%左右（迟滨光，2002）。

现在的未成年人大部分都是对网络依赖度极高的90后。网络的出现改变了传统以熟人社会为组织形态的犯罪团伙性质。传统犯罪团伙往往基于中国传统的差序格局，基于血缘、亲缘和地缘形成，随着网络的普及，网缘也发展成为第四缘，犯罪团伙从传统的小范围纠合，发展到网上一呼百应，实现"网上吸纳扩展、网下深化联络、网上思想交流、网下共同行动"的虚实整合。网络结社的犯罪方式让预防和打击未成年人犯罪行为的困难增加（麻国安，2010）。

2 未成年人犯罪的界定和分类

2.1 未成年人犯罪的界定

在许多国家，由于"少年"和"未成年"两个概念是通用的，因此，青少年犯罪（juvenile delinquency）和未成年人犯罪（minor delinquency）也通用（罗大华、何为民，2002）。本研究采用未成年人犯罪

(minor delinquency)这一说法。

未成年人犯罪的概念有广义和狭义之分。广义的未成年人犯罪是学术研究中的概念，比如犯罪学、教育学、社会学、心理学等，其目的是研究并预防犯罪，依据刑法的犯罪规定，又不局限于刑法。在国际上，《联合国少年司法最低限度标准规则》没有对"少年"的年龄作出硬性的划分，仅作了描述性规定："少年系指按照各国法律制度，对其违法行为可以以不同于成年人的方式进行处理的儿童或少年人"，而各国法律对少年犯罪的年龄规定也不尽相同。根据印度、日本、美国、英国、新加坡和我国香港地区的相关资料，青少年犯罪年龄在7至22岁之间。按照我国的刑法规定，已满14岁至未满18岁个体的犯罪为未成年人犯罪或少年犯罪，刑事责任年龄是已满14岁（罗大华、何为民，2002）。

有研究者（康树华，2000）将青少年犯罪界定为已满14周岁不满25周岁的人实施了危害社会、触犯刑法、依法应受刑罚处罚的行为。这个概念有两个突出的涵义：一是犯罪行为的主体是青少年；二是青少年中实施了危害社会的行为、触犯了刑律并需要予以刑事处罚的人。这就是较多研究者认可的狭义青少年犯罪的概念。

从我国刑法相关规定和研究实际考虑，本研究关注的犯罪未成年人是指年龄在14—18岁之间，触犯了中国相关的法律法规，进入未管所服刑的犯罪人员。

2.2 未成年人犯罪的分类

犯罪学界对犯罪成人或未成年人进行分类由来已久。通常而言，对犯罪人群的分类主要希望达到三个目的：满足刑罚机构中进行管理决策的需要；满足矫治决策的需要；满足理论认识的需要（Blackburn，2000）。

犯罪学家们最初大多采用简单的两分法分类：守法未成年人和犯罪未成年人，犯罪频率（累犯与一次性犯罪），严重性（有被害人的犯罪和无被害人的犯罪），这些从实用主义角度的分类主要用于降低犯罪人的异质性，但是这种非此即彼的简单分类原则实际上忽略了犯罪人群内在的、真正的异质性。

对此，一些研究者提出了不同的分类意见。一种从法律的立场提出的观点认为，任何类型学划分都必须参照犯罪行为。M. R. Chaiken 和 J. M. Chaiken（1984）从 8 个方面对犯罪行为进行了分类，分别是伤害、抢劫、夜盗、贩毒、盗窃、汽车盗窃、诈骗、伪造或信用卡诈骗。当对每个方面进行"是、否"二分法选择时，256 个可能的结构中，10 个可以解释 59% 的犯人，表明了这种分类的有效性。

也有研究者提出从角色生涯的角度来划分犯罪类型，它根据犯罪行为、犯罪行为环境、犯罪人的生涯、有关的自我态度和角色态度，来识别犯罪角色（Blackburn，2000；Gibbens，1965）。近来，中国的犯罪学研究者认为（徐绫泽、周亮，2007），类型的划分要从犯罪现象本身所具有的物质特性中选取，他们以犯罪现象 5 大构成要素——时间、空间、犯罪人、犯罪行为和被害对象为第一层分层标准，以犯罪行为的社会危害性、犯罪原因和犯罪对策构建第二层分类体系，以标准间的有序交叉，构建出第三层次分类体系。当然也有不少研究者从病态人格和人格障碍（Blackburn，2000）的角度进行分类。

总体而言，我国犯罪学界对未成年人犯罪类型的研究缺乏专门的论著，对未成年人犯罪类型的划分缺乏统一的标准，也没有形成一致认可的犯罪类型名称。出于便利性和通俗性原则，兼顾新兴的犯罪形态和近来的研究成果（林彬彬，2009），本研究以犯罪行为为划分标准，将犯罪划分为财产犯罪（偷盗、诈骗、抢劫），暴力犯罪（故意伤害、杀人），性犯罪（强奸、协助强奸）和毒品犯罪（运送贩卖毒品）四大类。

3 未成年人犯罪的相关理论

3.1 控制理论：犯罪是失控的结果

控制理论是目前犯罪学领域影响巨大的理论。控制理论由 Hirschi 在 20 世纪 60 年代首先提出，他持有的是一种人性本恶的哲学观点，认为犯罪是人类不受约束的求乐避苦倾向的自然结果，人们都有作出偏离行为来满足自己需要的倾向，而人们之所以能够遵从社会规则和传统秩序，是因为受到了个人和社会之间的紧密联系（bond）的制约，一旦这种连接变得薄弱或者破裂时，就会发生越轨行为。联系的相关因素包括：(1) 对他人的依恋，通过良心、内化的规范和关注别人的想法等表现出来；(2) 对传统目标的奉献；(3) 卷入与未成年人犯罪活动不相容的传统活动；(4) 有关传统价值观的道德正当性的信念（Hirschi, 1969, 1978, 1986）。

但这一理论并没有解释社会联系如何发展或破裂的问题。基于此，Gottfredson 和 Hirschi（1990）又提出了低自我控制理论。该理论认为，低自我控制是解释所有犯罪的最终原因。如果在幼儿期时，儿童在家庭中的社会化过程完成得不好，儿童的自我控制能力就会偏低，他们会更可能具有冲动性、不喜欢复杂的而是喜欢简单的工作、爱冒险、喜欢肢体活动而不是用语言表达，以及以自我为中心。这种低自我控制能力再加上犯罪的机会，造成了偏差和犯罪行为。

3.2　社会学习理论：犯罪是模仿学习来的

社会学习理论是由心理学家班杜拉与社会学家艾克斯提出的（杨士隆，2002），该理论认为一个人思维和体格方面的特点固然可能促使这个人趋于犯罪。但是，这种倾向是由社会环境的因素引起的。社会学习理论在解释人们的犯罪行为时兼容了那些促使人去犯罪或守法的社会因素，人们对犯罪行为的学习正是在这两种相互矛盾的因素的交替影响下进行的。对一个人的行为影响最大的是这个人与之交往的社会群体，而这个社会群体掌握着能够影响人们行为准则的资源，具备规范行为准则的能力，群体自身也拥有特定的社会行为规范。如果一个人受违法行为的影响大于守法行为的影响，同时又认为违法行为是妥当而可行的，那么这就会极大地提升犯法的可能性。人们对失范行为的学习是一个相当复杂的、互相影响的社会过程。在这一过程中，失范的行为者通过对权衡某一失范行为是否妥当，通过对犯罪行为或失范行为的模仿，通过对失范行为后果的估计，最后才产生失范行为。当一个人从事某一失范行为以后，其实际所导致的后果将影响这个人是否重复该行为，或在多大程度上重复这一失范行为。若个体认识到从失范行为中得到的好处比从正常行为中获得的更多时，就会选择并实施失范行为。在当代社会中，青少年攻击型行为主要是从三方面学来的：第一是家庭成员；第二是周围的社会环境；第三是电影、电视等媒体（Akers, Krohn, Lanza-Kaduce, & Radosevich, 1979）。

3.3 多元性犯罪原因论：犯罪是内外因相作用的动态产物

很多研究者都想找出一个统一的理论，能对犯罪行为作出更系统、更全面的解释。我国犯罪心理学家罗大华（罗大华、何为民，2002）从系统观点出发提出了"犯罪的综合动因论"。他认为，人出生后，要通过家庭、学校和社会教育，把特定的社会文化和道德关系，通过内化的过程，反映到主观心理世界中来，变成特定的心理品质和行为方式。该理论持有这样一种观点：人之所以犯罪，是个体犯罪的主体内外影响因素综合的互为动力作用的结果。个体犯罪原因是一个整体系统（母系统）；这个整体系统是由若干相互联系和相互作用的主体内外因素（子系统）所构成，形成多层次和多维度的原因网络结构；作为整体系统的个体犯罪原因，具有其各主体内外因素所单独没有的新特性；由于各组成因素间相互作用，个体犯罪原因处于一种动态变化之中。

具体地说，用综合动因论来解释未成年人犯罪心理的形成，那就是家庭、学校和社区与人际交往等主体外因素的不良影响，与青少年心理发展阶段中的不稳定性、冲动性、控制系统缺陷和不良行为习惯等主体因素相结合，导致正常社会文化和道德关系内化失调的结果。这些主体内外因素之间相互联系、相互制约、相互依存。不能用单一因素论和静止的观点去考察未成年人犯罪，应该用综合动因论的观点去考察未成年人犯罪。

3.4 问题行为理论：犯罪是复杂的社会心理网络导致的

问题行为理论最早由 Jessor 等人（1991）提出。该理论综合借鉴了社会学习理论以及 Merton 的社会反常（anomie）等多种理论的观点。这一理论模式从社会心理角度出发，对青少年问题行为的原因作出了较为全面的解释。该理论弥补了社会学习理论和认知发展理论单纯从环境角度看待问题行为的不足，提出外在的社会环境不是决定个体行为的唯一因素。它认为，青少年问题行为的发展受到社会心理系统——个体系统和社会环境系统的影响，青少年问题行为的社会心理系统包括三个部分：个体系统、感知到的社会环境系统以及行为系统。

其中，个体系统包括健康观、成就观、独立观等观念因素，疏离感、压力、抑郁等消极情绪因素，以及自尊、控制点、社会期望和学业期望等因素。感知到的社会环境系统包括家庭、同伴、学校和邻里等四个子系统，比如父母、朋友的支持和约束、父母和朋友的榜样作用和影响以及父母和朋友对问题行为的态度等因素。而行为系统则包括吸烟、饮酒、物质滥用、不良性行为、反社会行为、违规违法等问题行为，以及学业成绩不良等一般性行为。这些行为都是个体犯罪的危险因素，如果不及早干预，有问题行为的个体可能会朝着犯罪的轨道偏离。同时，该理论还包括社会人口学与社会文化因素等间接影响因素。

个体系统、社会环境系统和行为系统之间存在着复杂的互动关系，形成了个体问题行为的社会心理因素网络，个体的问题行为正是由于受到社会心理因素网络的影响而产生的。问题行为理论认为个体的问题行为是一种习得的功能性行为，它是社会环境和个体因素相互作用的产物。与人类其他行为一样，青少年问题行为是榜样示范和强化的产物，但同时这些行为又受到态度、认知、个性特征和信念等个体因素的调节。问题行为理论的社会心理理论模型见图 1-3-1。

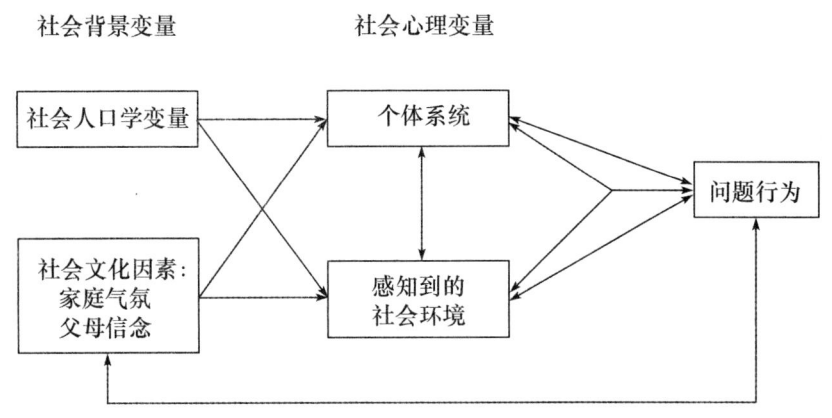

图 1-3-1 问题行为理论的社会心理因素理论模型

正如图 1-3-1 所示，问题行为理论中，社会人口学因素和文化因素是间接的影响因素，而对个体直接影响的因素是个体系统和感知到的社会环境。

经过一段时间的发展，问题行为理论又拓展到健康行为领域（Costa，2008）。传统的问题行为——如酒精和大麻滥用、无保护性行为和酒后驾驶等——也可被看作为健康妥协性行为（health-comprising behavior），其实健康妥协性行为并不一定违反社会和法律规范，如暴饮暴食、久坐不动，所以它更像是一种对非正式的社会规范的脱离，但对个体确实是有害的。一些诸如参与教堂和亲社会活动的健康增强性行为（health-enhancing behavior）符合了更大的社会和社会组织的规范和期望。从这一视角出发，问题行为理论可以进一步扩展，它不仅包含了健康妥协性行为，也涵盖了健康增强性行为。问题行为理论重视对积极内容的关注，不仅可有效抑制和防止不良行为，更可能促进良好行为的发生。问题行为理论对健康行为的关注也可以借鉴到社会适应领域，由此，本研究认为青少年的社会适应也应从积极和消极两方面界定。特别对于犯罪未成年人而言，他们可能具有更多不良适应，显然首先需要抑制其不良行为和适应，但进一步说，其良好适应的提升也需要特别重视。

问题行为理论根据各种影响因素对问题行为的增强或抑制作用，引入了危险性因素和保护性因素的概念（Jessor et al.，1991），在问题行为系统理论模型中，每一种具体影响因素都可以区分为危险性因素和保护性因素，即在每一个个体系统和感知到的社会环境系统中都存在导致问题行为发生的危险性因素和避免问题行为产生的保护性因素。其中危险性因素被视为问题行为的激发器，可能会诱发和增加青少年的问题行为。保护性因素被视为问题行为的控制变量，能够抑制或减少青少年参与问题行为的可能性。

尽管上述理论是从不同角度出发，对未成年人犯罪原因的解释也各有侧重。但在以上很多理论中，都能看到个体因素和家庭因素对未成年人犯罪行为所起到的重要作用。研究和实践都有力支持了问题行为理论，不要把青少年看成一个孤立的个体，而应该在家庭、伙伴、学校及社区组成的环境的背景下来认识，这就较好地解释了青少年问题行为的产生。本研究将主要以问题行为理论为基础，探讨个体和家庭的危险性因素和保护性因素对犯罪未成年人社会适应的作用机制。

4 犯罪未成年人的社会适应

4.1 社会适应的界定

简单说来，社会适应就是指个体对社会生活环境的适应。但目前对于什么是社会适应还存在争议。概括起来，主要有四种代表性的观点。一种观点用适应行为来界定社会适应。2010 年美国智力和发展障碍协会（American Association on Intellectual and Developmental Disabilities，AAIDD）修订的适应行为的定义（AAIDD，2010）是：所有人为了在日常生活中行使其正常功能而需要学习的概念技能、社会技能和实践技能的集合。另一种观点强调社会适应的过程方面。《心理学大辞典》指出，个体的社会适应是"个体接受现存的社会生活方式、道德规范和行为准则的过程"（朱智贤，1989）。从个体社会化的观点看，社会适应就是"个体适应社会要求，在与社会的交互作用过程中，通过学习与内化社会文化而胜任社会所期待承担的角色，并相应地发展自己的个性的过程"。还有一种代表性观点则强调个体与社会的平衡与和谐关系。张春兴（1992）认为，个体的社会适应指"个体接受不断地学习或修正各种社会行为组型和生活方式，以求符合社会的标准与规范，而与社会环境维持一种和谐的关系"。其他学者则在社会适应概念的论述中兼顾了适应过程与结果两个方面（江光荣，1995）。第四种观点是将社会适应看作是在人格水平上对社会环境的适应过程，也称人格适应（陈建文，2001）。实际上，这是强调个体内部自我与人格系统的和谐平衡的观点。

综上，目前并没有被广泛认可的社会适应概念界定，但从以上理论看来，要正确理解社会适应内涵需要考虑到以下方面：

（1）社会适应良好与不良。特殊教育和临床领域的研究者尤其关注适应行为不良（陈灵，2006；方晓义、徐洁、孙莉、张锦涛，2004；黄小娜等，2006；徐韬园等，2000；张琼、姚树桥，2003），这种观点已经成为临床心理学研究者的共识，他们筛选适应不良的儿童个体与正常儿童比较，并加以干预。研究探讨的犯罪未成年人也是适应失败或者不良的个体，但仍然可以通过培养良好适应恢复其正常社会功能。已有研究者（Law，2008）探讨了通过提升亲社会行为促使犯罪未成年人与社会的良好互动，增强其回归正常社会的信心，而且从另一个角度探索是什么原因导致其积极社会适应能力的低下，也是一个有意义的尝试。由此看来，适应良好和不良属于社会适应的两种功能结果，不可厚此薄彼。

（2）社会适应的内容领域。个体社会适应的状况可以从社会生活的不同领域表现出来。根据适应的内容领域不同，可以将社会适应划分为不同的方面。由以上对社会适应概念界定的论述，适应至少可以分为个体自我适应和个体对社会整体的适应。而对社会整体的适应可以通过三个途径表现出来：其一，在与其他个体互动交往过程中体现。个体总是处于一定的社会生活环境之中，尤其在重视人情与关系的中国文化中，同他人打交道是无法避免的事情，人际关系状况是判断一个人是否适应社会的重要指标。其二，体现在个人遵从社会角色和社会规范的过程中。前面谈到，从社会化的角度看，社会适应就是个体通过学习、接受现有的社会生活方式、道德规范和行为准则，以达到与社会环境共生、和谐与平衡的关系。因此，个体在其所处社会中的合规程度也是评价个体社会适应的标准之一。其三，体现在应对社会环境变化的过程中。社会环境处于动态的变化之中，心理学家们更加关注个体对社会环境消极变化的应对过程和方式，尤其在日常生活中遭遇困难时个体采取何种方式和态度面对挑战，战胜挫折和解决难题。由此个体在社会生活中表现出来的处理日常事务，应对困难和挫折的态度和方式也成为衡量社会适应与否的标志。

因此，社会适应可以由内及外建构为个体适应、人际适应、行为适应和环境变化应对四方面，这也暗合儒家"修身、齐家、治国、平天下"的为人处世的信条。

（3）社会适应过程与结果。从上面论述可以得出结论：社会适应的过程主要关注个体适应社会环境所必须具备的心理特征（如社会适应性)及其过程机制(应对、自我调节、学习、改变等);社会适应的结果侧重于个体在一定的心理资源的基础上,通过一系列适应过程所到达的最终状态。考虑到社会适应评估的便利性和适用性,本研究着重考察社会适应的结果状态。

通过对以上方面的考虑,本研究将社会适应界定为:个体在与社会环境的交互作用中,通过顺应、调控或改变环境,最终达到与社会环境和谐共生的状态,维持着相对平衡的关系,它包括自我系统的和谐和个体与环境的和谐两个方面,是个体在社会生活中的心理—社会生存状态的综合体现。

4.2 社会适应的测量

目前研究者们主要运用问卷法测量社会适应,具体分为两种方法:一为多指标测量,二是多维度综合问卷测量。

多指标测量是研究者分别采用多个不同的指标和测量工具来考察个体社会适应状况。有研究者选取感知的社会支持、自我概念和社会技能作为社会适应的关键指标(Ray & Elliott, 2006);也有人使用儿童在同伴群体中的社会功能和同伴地位两方面表达社会适应(Rubin, Chen, McDougall, Bowker, & McKinnon, 1995)。陈欣银等人使用同伴关系、学校相关能力和规范的学校行为、学习成绩、是否班干部几个指标来衡量儿童的社会适应状况(Chen, Rubin, & Li, 1997)。虽然学者们根据自身研究的需要选择社会适应指标,但这些指标之间仍存在共同点,至少可以分为个人、人际和行为等领域,从不同功能领域来看,也基本包括了社会适应良好和不良的指标。

多维度综合问卷测量是研究者根据各自对社会适应的理解,对社适应进行综合测量。根据问卷内容领域和适用对象的不同，可以归纳为以下几类：

（1）以智力缺陷儿童和普通中学生为对象的社会适应行为量表。姚树桥、龚耀先（1994）和韦小满（1996）编制的儿童适应行为相关量表均从适应行为角度探讨了智力缺损儿童的各个适应方面。聂衍刚（2005）在参考美国智力落后协会的 ABS-S2. 1992 学校版本的基础上编制《中学生社会适应行为问卷》，考察中学生良好适应行为和不良适应行为。

（2）以普通小学生为对象的社会生活适应以及以普通中学生为对象的社会适应性问卷。王永丽等（2005）以亲社会行为、居家能力、情绪监控、生活自我管理、社会交往为测量指标，从社会适应和生活适应两方面考察 2—5 年级小学生的适应情况。陈建文（2001）从心理优势感、心理能量、人际适应和心理弹性四方面测量中学生的适应性。

（3）以普通中学生为对象的多角度（适应内容和功能角度）社会适应量表。周晖等（2008）通过对中学生社会适应良好者与适应不良者的特征分析，认为社会适应状况应该包括自我的和谐状态和与社会环境的和谐状态两个部分，其问卷包括人际适应良好、人际适应不良、自卑烦恼、应对变化、行事效率、违规、自信七个维度。余益兵（2009）在周晖等人的基础上修订了该问卷，形成自我肯定、自我烦扰、亲社会倾向、人际疏离、行事效率、违规行为、积极应对、消极退缩等 8 个维度，按适应内容可分为自我适应（自我肯定、自我烦扰）、人际适应（亲社会倾向、人际疏离）、行为适应（行事效率、违规行为）和环境应对（积极应对、消极退缩）四个方面；从功能角度又可划分为积极社会适应（自我肯定、亲社会倾向、行事效率、积极应对）和消极社会适应（自我烦扰、人际疏离、违规行为、消极退缩）两类。本研究拟采用余益兵修订的社会适应问卷作为犯罪未成年人的测量工具。

4.3 犯罪未成年人社会适应的特点

前面提到，社会适应可以分为自我适应、人际适应、行为适应和环境应对（适应）等方面。犯罪未成年人群在这四个适应领域均可能出现适应不良的问题。

在自我适应领域，研究者采用艾森克人格问卷对犯罪青少年进行测量，发现相对于正常人群，他们更具情绪性和精神质，内外向得分较低（李慧民，2003）。研究表明，犯罪青少年的抑郁情况远高于同年龄段的常人（王才康，2002），其自我概念和自尊水平显著低于普通青少年（蔡建红，1999；张安民、孟祥芝，1995）。

犯罪未成年人在人际领域的适应不良包括了两个方面的内容，其一是犯罪青少不知道如何发展正常的人际关系。比如男性犯罪青少年人际信任水平显著低于同龄男性中学生（单婷婷，2007）。其二是不良同伴直接或间接地促进了青少年的违法犯罪。众多研究发现，不良同伴交往是家庭、学校、社会文化等多方面与青少年犯罪之间的中介变量，这些因素都可能通过不良朋友的中介来起到负面作用（Blackburn，2000；张春妹，2006）。

犯罪未成年人行为领域适应失败是其犯罪的重要特征。由于各方面的原因，青少年不能较好地适应社会规则，自我调节和心理健康受损，很容易出现各种问题行为，进一步滑入犯罪的深渊。犯罪行为的生成与行为适应失败的关系非常密切。研究者让犯罪青少年追溯过往经历时发现，犯罪个体在学生时期的问题行为已经相当严重（屈智勇，2005），而这很可能就是犯罪的诱因。其实问题行为在犯罪未成年人身上也大量存在，只不过学者和社会各界关注了更具危害性的犯罪行为。既然问题行为和犯罪行为作为行为适应的重要方面，部分研究者将各类问题行为作为社会适应的重要的测量指标也就不足为奇了（Achenbach，1991；Rutter，1987；方晓义等，2004）。

环境应对领域的相关研究发现，男性少年犯相对于同龄中学生较少采用积极的应对方式（王才康，2002）。犯罪青少年在应激条件下多倾向于过度宣泄或者压抑自己的情绪反应，也更加可能采用否认和压抑的方式面对苦恼，而且这种苦恼达到一定程度就会以适应身体活动的方式来减轻（郑建君、杨继平，2008）。总的说来，犯罪未成年人容易采取异于常人的应对方式来面对新环境和新问题。

当然，犯罪类型和社会适应不良的各方面同样有着密切关系，具体分为：（1）与自我适应的关系，如性犯罪、暴力犯罪、财产犯罪和药物滥用犯罪均和个体的孤独感以及心理发展缺陷密切相关（Rokach，2001；Rokach & Cripps，1999）。（2）与人际适应的关系，如某些犯罪类型同失败的亲密关系、同伴伤害、同伴辱骂和攻击而引发的人际疏离有关（Rokach，2001），杀妻或者致妻重伤的犯罪更可能是家庭人际冲突导致的家庭暴力演变而来（Adinkrah，2003）。（3）与行为适应的关系，如酗酒和物质滥用与性犯罪者、暴力犯罪者和家庭虐待相关（Bartol & Bartol，2005）。（4）与环境应对的关系，大多数犯罪青少年在外在环境发生变化时缺乏解决实际问题的能力，而攻击性儿童通常更加缺乏应对环境变化的方法（Blackburn，2000）。

同时，犯罪频率（初犯和累犯）与社会适应不良也存在关联，具体又可分为（1）与自我适应不良的关系，一项连续3年的研究表明，男性犯罪青少年的抑郁程度能显著预测其累犯率（Katsiyannis, Zhang, Barrett, & Flaska, 2004）。对在社区和监狱中接受治疗的性犯罪累犯的研究表明，低水平的自尊和高水平的再犯率有极为显著的相关（Thornton, Beech, & Marshall, 2004）。（2）与人际适应不良的关系，研究发现，对他人的求助心态与累犯行为呈显著负相关（Katsiyannis et al., 2004）。（3）与行为适应的关系，累犯通常与外部问题行为控制能力的缺乏有关（Eisenberg et al., 2001）。（4）与环境应对的关系，累犯不能较好地完成和解决新任务，即使在提供适当训练之后，累犯比非累犯掌握的问题解决技能水平更低（Blackburn, 2000）。

5　犯罪未成年人社会适应的影响因素

心理学家或者犯罪学家谈到犯罪行为时，他们更关注的是犯罪原因而非犯罪动机（Pakes & Winstone, 2007）。因为无论你如何深入探究嫌疑人在实施犯罪行为时的想法（即犯罪动机），哪怕研究者得出的相当自信的研究结果也总会受到各种质疑，其中很重要的原因是犯罪动机的多样性和随意性让学者们很难准确地掌握犯罪的共性，由此我们只能探索影响犯罪或者违规行为的可能的答案，即对影响因素进行剖析。

对未成年人犯罪影响因素阐述，问题行为理论作出了较好的解释，它从两个方面分析了未成年人犯罪的影响因素。首先从内容领域来看，影响青少年问题行为的社会心理系统包括个体系统和感知到的社会环境系统。多元性犯罪原因论也认为个体犯罪因素有主体和客体之分。而个体和环境系统之间，主体和客体因素之间相互作用，形成不同层次、不同维度的网络结构，共同作用于未成年人的社会适应和犯罪。由此，本研究拟从个体和环境（主要关注家庭环境）两方面探讨犯罪未成年人社会适应的影响因素。

其次从作用效果来看，每一个个体系统和感知到的社会环境系统都有导致问题行为发生的危险性因素和避免问题行为产生的保护性因素，危险性因素可能诱发社会适应不良和问题行为，保护性因素可能抑制或减少未成年人的问题行为，以获得良好的社会适应状况。危险性因素和保护性因素在预防和干预社会适应不良和问题行为方面有着重要的实践意义。因此，本研究也拟从危险性因素和保护性因素的角度探讨犯罪未成年人的社会适应的影响因素。综上，笔者将从个体因素、家庭因素、危险性因素和保护性因素等方面阐述未成年人犯罪和社会适应的影响因素。

5.1 个体因素

个体因素包括遗传、人格、自我控制、情绪智力和社会问题解决能力等。心理学家们通常使用双生子研究实验范式探讨犯罪行为的遗传作用（Jaffee et al., 2005; Lange, 1931），遗传因素对冲动行为和暴力行为有非常强的预测作用（Pakes & Winstone, 2007）。但是我们必须认识到更多潜在因素的交互作用影响犯罪行为，遗传因素只是其中之一。人格、自我控制、情绪智力和社会问题解决等个体因素对未成年人犯罪有着重大影响。

5.1.1 人格

个体的人格在很长一段时间内保持相对稳定的状态，与个体的同一性和自我感知紧密相关，与犯罪行为联系也非常密切。三四十年来，多数研究者从艾森克的人格理论出发，去检验外倾性（E）、神经质（N）

和精神质（P）三个维度与犯罪的关系（Blackburn，2000）。外倾性表明个体乐于助人，具有较高社会性，这类人大脑皮层唤醒水平较低，需要更多地刺激维持唤醒水平，因此他们容易寻求更多紧张的刺激维持"快乐情调"（hedonic tone），对痛苦不敏感。神经质维度被认为是反映了边缘系统和自主系统的更大的反应性，会导致对压力的更强烈的情绪反应，有很高的内驱力水平，通常高神经质的人会表现出较强的反社会倾向。精神质通常和循环性雄激素（circulating androgen）有关，高精神质的人通常可能会精神崩溃或分裂，存在精神健康问题。Knust 和 Stewart（2002）将这一维度称为"严重精神弱智"（tough-mindedness），它与进攻性、自我中心和冷漠等特质相关联。

澳大利亚对高中学生进行的一系列研究发现，P 类型人格对自我报告的犯罪行为预测力比 E 类型要强。在 P 维度上得分高的个体，很难控制自己的脾气或者听取他人意见，他们也更容易有攻击行为，这一点得到了很多研究的支持（Heaven，1996）。研究者们也发现，神经质（P）与官方报告和自我报告的犯罪行为都比外倾性（E）联系更加密切，但也有研究者（Blackburn，2000）指出，艾森克主要关注的是外倾人格（E）、外倾人格的生理基础与个体的社会化过程，他的犯罪性人格理论并不能得到很好的支持。更有研究者进一步指出（Blackburn，2000），相对于青春期的青少年人群，艾森克的人格理论更适合个性气质特征稳定的成人被试。

国内学者也探讨了人格和犯罪行为之间的关系。研究发现，大五人格中宜人性、开放性、谨慎性和情绪性均能显著预测青少年犯罪行为，其中宜人性和谨慎性的预测作用最强（张秋凌，2005）。不仅如此，不同犯罪程度与人格间也存在一定关系：犯罪青少年的宜人性和谨慎性显著低于普通中学生和工读中学生（张秋凌，2005），不论是犯罪青少年还是普通青少年，不良行为越严重，其人格障碍倾向越明显（叶苑，2007）。

5.1.2 自我控制

Gottfredson 和 Hirschi（1990）认为，无论是故意破坏公物、财产犯罪还是暴力犯罪，都与低自我控制和犯罪机会有密切相关，低自我控制因素可以对所有的犯罪行为进行解释。与具有高自我控制能力的个体相比，低自我控制个体更倾向于出现犯罪、偏差和意外行为。低自我控制者会表现出冲动性、不敏感、行动性、冒险、目光短浅和不善于使用语言等特点。他们的犯罪和偏差行为是以获得眼前利益为目的的。该理论认为，低自我控制主要是由于在儿童早期，父母养育行为不当导致儿童社会化不足所致。但该理论同时指出，低自我控制这一变量并不是引起犯罪的独立因素，犯罪机会也是重要因素。

Wood 等（1993）研究发现自我控制能显著预测盗窃、故意破坏、人际暴力和药物滥用几种犯罪行为。其中，除了药物滥用行为以外，冒险性维度与其他几种行为都有显著相关；愤怒控制能力与偷窃和药物滥用有显著相关。Evans 等（1997）考察了自我控制与 17 种犯罪行为和 18 种偏差行为的关系，进一步证实了低自我控制与犯罪行为之间的紧密联系。该研究还发现，低自我控制与以下因素有关：与家人和朋友的关系不良、去教堂的次数少、低水平的教育和旷工以及婚姻冲突。McMullen（1999）的研究表明自我控制与自我报告的违法犯罪行为有显著相关，解释率为 14.10%，再次验证了 Gottfredson 和 Hirschi 的观点。Unnever 等人（2003）深入探讨了父母监控、儿童多动症、自我控制与犯罪的关系，结果表明自我控制和父母监控是显著预测青少年违法犯罪行为的因子。

国内学者屈智勇（2005）、张秋凌（2005）对青少年犯罪的研究表明，自我控制中冲动冒险性和自我情绪性两维度能极其显著预测青少年犯罪行为。叶苑（2007）的研究表明，自我控制中的另一维度简单化倾向也能显著预测青少年犯罪行为。张春妹（2006）发现冲动冒险性和自我情绪性可以显著预测青少年偏差群体的同一性。在这些人的研究中，自我控制是对青少年犯罪解释率最高的变量。

5.1.3 情绪智力

情绪智力的概念最早由 Mayer 和 Salovey（1990）提出，他们将其定义为"精确地知觉、评估和表达情绪的能力；接近或产生促进思维的情感能力；理解情绪和情绪知识的能力；调节情绪、促进情绪和智力发展的能力"。情绪智力包括了情绪感知、情绪理解、情绪运用和情绪管理四个维度，他们的这一理论也被称为情绪智力的能力模型。从这一定义可以看出，情绪智力是情绪和智力的结合体。情绪智力的另一个理论派别被称为情绪智力的混合模型，也叫特质模型。持有混合模型观点的学者们大多认为情绪智力除了包括情绪智力能力模型的维度外，还应该囊括自我概念、人际关系、社会责任感、压力承受力、自我控制、适应性、乐观等特质（Bar-On，1997；Goleman，1995，1998）。

不论是基于情绪智力的能力模型还是特质模型的研究，都发现个体情绪智力与青少年问题行为、犯罪行为和社会适应存在密切关系。首先，儿童情绪智力的缺乏同多种内部问题行为和自身异常相联系，低水平的情绪智力通常与低水平的移情和情绪管理无能（Ciarrochi，Chan，& Caputi，2000）相关，同时也会有较高水平的抑郁、神经质和躯体症状及压力（Dawda & Hart，2000）。其次，情绪智力同许多外部问题行为和犯罪行为有关。低水平的情绪智力同低水平的学业成就（Bar-On，

1997)、高水平的烟草和酒精滥用（Trinidad & Johnson，2002）以及高水平的学校异常行为（Petridesa, Fredericksonb, & Furnhamb, 2004）、家庭暴力（Winters, Clift, & Dutton, 2004）和性犯罪（Tidmarsh, Eger, Dennison, Moriarty, & Stough, 2001）相联系。此外，情绪智力还和社会能力联系紧密（Mavroveli, Petrides, Rieffe, & Bakker, 2007），它能够显著预测友谊质量和社会适应状况（刘艳、邹泓，2010；邹泓、刘艳、李小青、蔡颖，2008）。但是情绪智力究竟和犯罪青少年的适应行为有何种关系，尚不得而知。

5.1.4 社会问题解决能力

19 世纪开始，个体问题解决技能就受到心理学界的关注，最初一段时间信息加工理论对其有决定性的影响。随着认知行为疗法和内隐智力理论的发展，问题解决的探讨对象转向社会环境下人们遭遇的真实问题，临床应用的倾向非常明显。1971 年，D'Zurilla 和 Goldfried 首次认为应该重视研究社会问题解决能力对个体适应功能的影响。经过多年的发展，即使到目前为止，研究者们仍未就这一概念达成一致，但普遍认为社会问题解决能力是一个多维度结构，涉及认知、情感和行为等多方面因素（D'Zurilla, Nezu, & Maydeu-Olivares, 1996），是一种个体正确看待问题、评价自己，并运用各种技能有效解决生活中的真实问题，以促进自身良好适应的能力（杨颖，2009；杨颖，邹泓，余益兵，许志星，2011）。

在青少年研究中，较高的社会问题解决能力和移情能力都被普遍认为是青少年社会化发展的最好结果（叶苑，2007），低自尊和缺乏社会问题解决能力极易导致攻击行为和暴力行为（D'Zurilia, Edward, & Lawrence, 2003）。还有研究者指出，青少年攻击行为与亲子间社会问题解决能力的差异关系密切，具有低社会问题解决能力、认知信念扭曲和攻击合理性概念的青少年攻击倾向较高（Jaffee & D'Zurilla，2003）。当然，攻击反过来也可能诱发低问题解决能力的形成。临床研究者对攻击者评价时指出，他们的攻击或暴力行为经常能被理解为一种适应不良或解决问题的自我挫折感，它暗示了问题解决能力的缺乏，可能是日益增长的攻击导致的（叶苑，2007）。

D'Zurilla 和 Nezu（1999）认为消极问题取向会导致消极情感，回避问题的态度会引起较多的担心和忧虑以及减少解决问题的努力程度。McMurran 等人（2001）发现在犯罪人群中普遍发现高神经质者，可能与较差的社会问题解决能力有关。违法的精神病人具有较差的社会问题解决能力已经得到许多研究的证实。贫乏的社会问题解决能力可能导致暴力、性犯罪和纵火等犯罪行为，通常犯罪者会用失去理智或无效的而且可能是犯罪的方法来解决人际问题，例如，用攻击或暴力的反应应对挫折，或者因为感知不公平对别人发火作为报复的手段。国内学者也发现，不良行为得分越高的个体，社会问题解决的能力越低，且多采取消极问题解决方式（叶苑，2007）。

经过实践，社会问题解决能力训练被证明是一种改善社会问题解决能力的有效手段，它在学校情景中的治疗项目广泛得到较多使用，并且用于犯罪未成年人攻击行为的干预和青少年行为失调的矫治（Guerra & Slaby，1990；Tisdelle & Lawrence，1988）。社会问题解决能力技能的训练对改善监狱犯人的行为和促进其社会适应有相当高的总有效率（Ross，Fabiano，& Ross，1986）。由此，研究和探讨犯罪未成年人的社会问题解决能力有着极为重要的理论和现实意义，能够极大地促进未成年人犯罪的预防、干预和矫治。

5.2 家庭因素

未成年人犯罪的环境影响因素包括三大类，分别是家庭、学校和社会。其中家庭因素对未成年人犯罪行为的影响最为直接，一直都被看作是一个至关重要的系统。多年来，研究者们对未成年人犯罪行为的家庭影响因素的探讨各有侧重，归纳起来可以分为以下几个方面：（1）家庭客观环境，主要包含家庭社会经济地位和家庭结构两个指标；（2）亲子关系，主要包含亲子依恋、父母社会支持、父母教养行为和亲子冲突等指标；（3）父母关系，主要包括父母亲密和父母冲突等指标；（4）家庭功能。

5.2.1 家庭社会经济地位和家庭结构

低社会经济地位的人从事非法活动的比率很大，这一论点得到了 Shaw 和 McKay（1942）的研究证实，他们发现芝加哥犯罪率的人口统计学分布，与该城市最贫困地区中的住宅相吻合。收入水平、失业率、贫民区家庭的比率这些生态因素，是对社会上处于劣势的人们进行选择性隔离的结果。但也有研究表明父母的低社会经济地位与后来的犯罪之间存在很小相关（Blackburn，2000），尤其是相对于官方数据，自我报告并不十分支持阶级差异对犯罪率的影响的观点（Braithwaite，1981；Tittle，Villemez，& Smith，1978）。社会阶级和地位与未成年人犯罪的关系可能并没有想象中的那么密切，但是两者间的弱相关以什么为中介，仍不清楚，是不平等机会分布造成对非法行为的压力，还是贫穷的邻居助长犯罪传统，抑或是群体和家庭价值观的内化起到了中介作用，研究者们莫衷一是，而且并没有一种重要的犯罪学理论明确地预测阶级差异（Tittle，1983）。

青少年的家庭结构——单亲家庭还是双亲家庭，独生子女家庭还是非独生子女家庭，核心家庭还是多代家庭——会影响其社会适应和犯罪违规行为。在过去，父母离异、家庭破裂的确已被证明是导致犯罪行为的危险性因素，美国20世纪50年代的离婚率比现在低得多，但离婚对孩子的伤害却比现在大得多，于是这些家庭的孩子比现在的孩子受到更多社会负性环境的影响，犯罪率大增（Glueck & Glueck，1950）。实际上，危险情况的增加多数是因为监管的问题（Loeber & Stouthamer-Loeber，1986）。监管缺失也可用于解释多子女家庭的孩子为何容易犯罪（Farrington，1991），家长需要照顾孩童的数目过多，无暇全部顾及，同时暴露在较多违规行为的兄弟姊妹环境之下的可能性极大增加，而且多子女家庭通常比较贫困。

5.2.2 亲子关系

亲子关系是家庭环境中对社会适应和犯罪行为影响最为直接的因素。

（1）亲子依恋

尽管依恋理论最早是用来解释婴儿与其养护者之间的情感关系的，但实际上"亲子依恋在人的一生中（从出生到走进坟墓）都起着重要的作用"。Hirschi于1969年就通过对4000名犯人的研究发现，缺少对父母的尊重和与父母之间的依恋是未成年人犯罪行为最强的预测变量。随着儿童少年与父母间情感联系的加强，犯罪的可能性就会降低（Leas & Mellor，2000）。如果青少年与父母之间有积极的情感联系，他们就更容易接受父母的管教，一旦自己有反社会行为时，会更多地去考虑父母的反应（Arbona & Power，2003）。

近年来，很多研究者在关注家庭关系因素对未成年人犯罪的影响时，都注意到了亲子依恋的重要作用。研究者们使用多种研究方法，都一致发现亲子依恋质量与未成年人犯罪行为和反社会行为呈负相关（Arbona & Power, 2003; Leas & Mellor, 2000; Noom, Dekovic, & Meeus, 1999），亲子依恋可以作为未成年人犯罪的一个强有力的预测变量。对依恋类型的研究也发现，安全型依恋与犯罪行为呈显著负相关，不安全型依恋与犯罪行为呈显著正相关（Allen, Marsh, McFarland, McElhaney, & Land, 2002; Allen, Moore, Kuperminc, & Bell, 1998; Cooper, Shaver, & Collins, 1998; Patterson, DeBaryshe, & Ramsey, 1989）。

（2）父母社会支持

社会支持是个体感受到的来自其所在的社会网络成员的关心、尊重和重视的一种行为或信息。其中来自家庭的社会支持是个体所感知到的极为重要的支持源。

根据 Caplan 提出的家庭系统理论，社会支持意味着一个持久连续的或者是间歇的联结模式，这个模式对个体保持长时间的身心健康有重要的意义（Caplan, 1974）。Caplan 认为一个社会支持网络给个体保持精神和情感上的健康提供心理上的支持。家庭支持系统理论认为家庭支持系统是由家庭结构诸要素相互作用而产生的一种自我调控系统，具有支持、维护家庭存在，适应外部环境变动和内部冲突因素冲击的作用（宣兆凯，1999）。青少年由于身心发展尚未成熟，经济未独立，父母是他们重要的支持源，也是青少年成长过程中的重要保护性因素，来自父母的支持对于儿童青少年的成长尤为重要，促进其心理健康和学校适应（李文道、邹泓、赵霞，2003，2005）。在不同年龄阶段，父母支持、鼓励和积极参与都可以促进儿童自我概念的积极发展，粗暴的不支持行为则会阻碍儿童自我概念的健康发展（魏运华，1999）。

（3）父母教养行为

较多研究表明，危险性的教养方式与青少年社会适应不良和问题行为的发展有着密切的联系。研究发现，青少年感知到的父母的温暖和理解能够负向显著预测犯罪行为，感知到的父母的拒绝却是正向预测犯罪行为（Palmer，2000）。父母给予孩子支持和理解的教养方式会直接降低他们的不良行为（Palmer & Hollin，2001）。青少年罪犯几乎没有体验到温暖支持的教养方式（罗大华、何为民，2002），他们感知到的是父母冷淡的态度和爱的拒绝。对于罪犯父母的研究发现，未成年犯人的父母，比正常人的父母对孩子有更多的拒绝和更少的关爱（Geismar & Wood，1986）。也有研究者通过对违法少年和正常少年的对比访谈发现，违法少年很少能从双亲那里得到关爱，与他们也很少进行心灵的沟通和交流（罗大华、何为民，2002）。近年来研究者发现某些中介变量也能将教养方式与犯罪行为联系起来，如包括社会问题解决在内的认知过程就可以中介父母教养方式对未成年人犯罪行为预测作用（Palmer，2000）。

（4）亲子冲突

亲子冲突的概念最早是从人际冲突的角度提出的，研究者认为两者都是冲突双方目标的对立和不一致。青少年期是一个人生理心理发展的关键时期，处于此特定发展阶段的青少年与父母亲之间的冲突是其成长过程中不可避免的产物。亲子冲突对青少年的问题行为（Bradford, Vaughn, & Barber, 2008; Brook, Brook, Zhang, & Cohen, 2009; Shek & Ma, 2001），社会适应（方晓义、张锦涛、孙莉、刘钊，2003）以及学业成就（Dotterer, Hoffman, Crouter, & McHale, 2008）等都有重要影响。

5.2.3 父母关系

父母关系与婚姻关系较为相似,但它更以子女为核心,分为父母亲密和父母冲突两方面。父母亲密是指父母之间的情感联结程度,即双方表现出相互关心、相互理解、民主沟通和融洽相处的状况,它是父母婚姻质量的重要指标之一。父母冲突即婚姻冲突,是指夫妻之间由于意见不一致或其他原因而产生的言语或身体的攻击与争执,它可由冲突发生的频率、强度、内容、风格及冲突是否得到解决等特征来具体界定(池莉萍、王耘,2002)。

根据家庭系统理论的观点,婚姻不和不仅干扰母亲与子女或父母与子女的关系,还通过影响父母亲共同对子女的养育效能,从而降低母亲—父亲—子女三角关系的质量(Cox, Paley, & Harter, 2001)。溢出假说更为具体地阐述了这个过程,即一个子系统的心情或行为会迁移到另一个子系统,如婚姻子系统到亲子子系统(Erel & Burman, 1995)。婚姻质量高或低都会相应地影响双方的情绪、整体家庭氛围,从而影响到父母对子女的养育行为、亲子互动过程和亲子关系质量,最终影响子女的个性和心理发展。

已有的研究提供了大量证据表明婚姻问题与儿童青少年的不良适应有密切关系。这些研究表明,成长于高婚姻冲突的家庭中的青少年,会发展出一系列的问题行为,包括内化问题、外化问题、社会适应问题和认知能力缺陷等(Gottman & Notarius, 2000)。婚姻幸福的父母心情愉悦,相互支持,共同关注孩子的成长,孩子易形成安全的依恋风格,从而促进他们的社会适应和心理健康。反之,婚姻不幸福的父母苦闷烦躁、自顾不暇,孩子极易受到忽视甚至虐待,子女与父母之间更可能形成不安全性依恋,从而导致儿童产生各种不良的问题。

5.2.4 家庭功能

家庭功能变量被众多研究者认为是未成年人犯罪的最强的预测因素（Patterson et al.，1989）。实际上，先前讨论的亲子依恋、父母教养行为、父母社会支持、父母亲密和冲突等都是家庭功能的一部分。家庭功能涵盖的内容是极为宽泛的，对家庭功能的定义也众说纷纭，我们认为家庭功能是衡量家庭作为一个系统是否运行良好的标志，以家庭成员之间的具体互动特征来描述。

El-Sheikh 等人（2003）的研究发现积极的家庭功能可以有效保护处于高危环境中的儿童。家庭功能中良好的亲密性和适应性极大地降低了父母酗酒家庭中儿童、青少年不良行为的发生率。同样也有类似研究发现，包括与家庭成员的亲密度及将家庭作为社会与情感支持等在内的家庭功能能够改善青少年为消除文化适应压力而导致的酗酒、吸毒等失范行为（Gil & Wagner，2000）。Ruchkin 等人（2000）研究认为青少年感知到的家庭功能能够最强有力地预测未成年人犯罪。对于儿童、青少年而言，如果缺乏温暖支持性的家庭环境，他们就很可能疏远和脱离家庭，而选择接近给予其社会支持的不良同伴，通过消极的同伴榜样习得不良和犯罪行为。另一方面，孩子长期处于家庭功能不良的环境中，也很容易建立不良的自我认知，会觉得自己在家庭中是"孤独的、不受重视和理解的"，这一消极认知扩展到人际交往上，就很难与他人建立紧密的联系，从而出现社会适应不良，引发心理疾病和问题行为。

5.3 危险性因素和保护性因素

5.3.1 危险性因素和保护性因素的界定

青少年社会适应受多种因素的影响，基于现象学和理论上的思考，研究者重点探讨了个体、家庭和学校因素，其中个体和家庭因素在前文已经着重探讨。但从应用角度考虑，将社会适应的影响因素划分为危险性因素（risk factor）和保护性因素（protective factor）两类（Cluver & Orkin，2009；Luthar，2006；Sylvestrea & Mérettec，2010），则会有其独特价值。这一视角不仅有助于深入理解环境与个体发展的关系，而且对于促进青少年的良好适应，预防和干预社会适应不良也具有特殊的理论和实践意义。

危险性因素是指个人、家庭、学校和社会中可能导致或加剧青少年社会适应不良或偏差行为的因素以及社会心理事件（AegeanSoftware，2005；Farrington，2000）。它来源于各种生活压力、危机与创伤事件，或者来自于个体自身或环境的压力累积（杨放如、郝伟、魏宏萍、李飞、罗文凤，2009）。其概念最早源于流行病学研究，而心理学对危险性因素的探索始于20世纪70年代，到了80年代则被心理学领域广泛接受。另一方面，学者们也发现，危险环境的存在并不一定导致消极结果。例如，一部分处于患精神病的高危环境（比如严重的家族遗传）中的儿童反而有着异乎寻常的良好适应模式（Luthar，2006）。由此推测，还存在某些抵消和削弱危险环境影响的其他有利条件。基于这样的设想，研究者又提出了保护性因素的概念。目前保护性因素的定义主要有两类。一种观点认为危险性因素和保护性因素是同一变量的两个极端（Kandel et al.，1998）。某一变量是否为危险性因素或保护性因素，取决于个体在该变量上的得分高低，并不由变量本身的性质决定。如高社会支持是保护性因素，低社会支持就是危险性因素。但对于高危青少年而言，危险因素的较低水平（如低水平父母虐待）实际上不能发挥保护作用（Rhule，McMahon，Spieker，& Munson，2006）。尽管这种定义存在一定问题，但考虑到数据分析的方便性，其在实际研究中仍然得到了大量运用。另一种观点认为保护性因素应该是有别于危险性因素而独立存在的促进儿童青少年发展的因素（Luthar，1991；Masten，1989；Pellegrini，1990）。比如父母支持是青少年社会适应的保护性因素，而家庭贫困却是阻碍其发展的危险因素。这种界定更符合实际情况，能够广泛地从变量性质上定义保护性因素，为儿童青少年的发展提供理论和实践支持。不过，其界定也存在一定争议。总体说来，保护性因素指可以调节、缓冲、隔离或抵消危险性因素带来的不良后果，或即使在危机状态下也可以抑制不良行为发生，促进良好社会适应的各种生理、心理及社会因素。

在研究中，单独考察危险性或保护性因素如何作用于儿童青少年的社会适应更易于操作和理解，但在青少年真实的成长环境中，往往是多重因素并存，两种不同性质的因素相互叠加、缓冲和交互，即危险性和保护性因素对青少年社会适应的影响存在广义的累积效应。累积效应实际上提供了一种研究多重危险性因素和保护性因素如何在相互影响的情况下作用于青少年社会适应的新思路和方法（Appleyard，Egeland，van Dulmen，& Sroufe，2005）。考虑两类因素的累积效应会让研究结果更真实，更有说服力，提高研究的生态学效度。

5.3.2 危险性因素的理论模型

关于危险性因素的累积效应起源于1979年Rutter对英国怀特岛人的研究，他测查了影响怀特岛儿童心理健康的6种危险性因素：父母婚姻失和、低家庭社会经济地位、住房拥挤、父亲犯罪、母亲精神障碍和幼年被收养。发现只有单一危险因素的儿童的适应状况与无危险性因素存在的儿童并没有明显差异，但有两个危险因素的儿童问题行为增加了4倍，有4个以上危险因素的儿童不良适应更呈现几何级数的增长

(Rutter, 1987)。由此 Rutter 提出了危险因素的累积效应模型①。危险性因素的理论模型主要有发展趋势模型和中介模型。

(1) 发展趋势模型

随着危险性因素数量的增加，青少年社会适应结果可能存在不同的发展趋势。按照这一原则又可以将累积效应模型分为叠加模型、恶化模型和饱和模型。

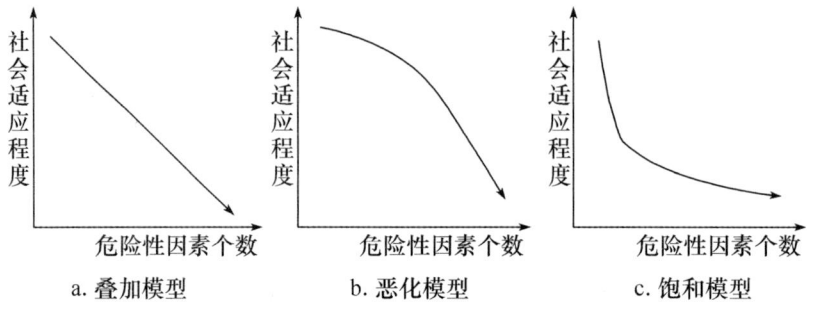

图 1-5-1　多重危险性因素的发展趋势模型

叠加模型认为多重危险性因素以线性组合的方式来表达结果变量（Rauer, Karney, Garvan, & Hou, 2008; Smeroff, Seifer, Barocas,

---

① Rutter 等人最早提出了累积危险性因素，经由后人补充（Deković, 1999）形成了利用危险性因素指数来探讨累积效应的计算方法。其简要过程是：首先在已有研究的基础上，找出影响青少年社会适应的危险性因素；然后将各危险因素的得分按照一定的划分标准，转化为二分变量，按 0、1 分别计分（每个因素均有25% - 30% 的个体计分为 1，70% - 75% 的个体计分为 0），再将所有危险因素的二分变量得分相加，形成危险性因素指数（Risk Factor Index, RFI），进一步分析因素的累积效应，保护性因素指数（Protective Factor Index, PFI）建立过程类似。目前众多探讨危险性和保护性因素累积效应的研究采用这一方法（Burchinal, Roberts, Zeisel, Hennon, & Hooper, 2006; Ostaszewski & Zimmerman, 2006; Trentacosta et al., 2008）。

Zax, & Greenspan, 1987)。Rochester 追踪研究表明，多重危险因素的经验加强了渐增的适应不良后果（Appleyard et al., 2005），危险性因素的数目与学前儿童当时的行为问题（Sameroff, Seifer, Zax, & Barocas, 1987）以及青少年期的心理健康、行为问题和学业问题相关联（Appleyard et al., 2005）。纵观许多适应不良的后果（如不良心理适应、低自我能力、问题行为、低参与性、低学业成绩），高社会适应不良组拥有的危险性因素数目显著高于低适应不良组。高危险组（8个及以上危险因素）青少年有较差学业成就的可能性几乎是低危险组（0—3个危险性因素）的7倍。随着危险性因素的增加，问题结果也呈现出稳定的增长（见图1-5-1a）。

尽管简单线性模型受到青少年社会适应研究者的推崇，仍有证据表明多重危险因素的混合效应可能是交互式的而非简单叠加（Rauer et al., 2008；Rutter, 1979）。很多学者认为某种特定的危险因素因受其他危险因素的影响而发生作用，这种交互模型可能以两种不同形式发生作用。

第一种形式为恶化模型，它认为危险因素与社会适应之间的负向联系会受到其他消极因素的加强而变得更加恶化（见图1-5-1b）。研究发现，对于存在4个及以上压力源的青少年，每个压力源都会加强其他压力源的作用效果，这样多重危险性因素的综合效应就要显著大于这些危险性因素各自效应的简单加和（Appleyard et al., 2005）。同时也有研究发现，只有一个压力源的存在可以使儿童发生心理失调的可能性增加1%，两个压力源则会使这种可能性增加到6%，4个以上的压力源会使这种可能性增加至33%（Garmezy, 1993）。随着压力源（危险因素）数量的上升，青少年出现问题行为的可能性呈几何级数增长。这一模型得到了大量研究的证实和支持（Rauer et al., 2008）。

与恶化模型相反，饱和模型认为叠加性危险因素对儿童青少年心理健康的影响力会随着累积数目的增多而减弱（见图1-5-1c）。Sameroff（1998）发现多重危险因素对存在5个及以上的负面因素的儿童心理健康的消极影响会逐渐减弱。超过这一阈限之后，每个负面因素的影响力开始减小。如父母心理疾病对于存在5个其他危险因素的儿童的负面作用要弱于只有一两个叠加性危险因素的儿童。这一模型提示我们考察某一因素增加的负面效应时，在危险因素较少的个体中能够得到更加明显的体现。

对比三种发展趋势模型可知，叠加模型中，危险因素独立地发生作用，每个因素不会因为其他因素的出现或消失而受到影响。恶化模型和饱和模型都描述了多个危险因素的交互作用，随着因素数量的增加，两者却预示了不同的变化率。前人很少注意到这两种模型存在差异的原因，我们认为危险因素间不同的相互作用效果（边际效应增强或削弱），很可能表达了因素的同质性程度，同类因素的存在可能易于相互抵消和削弱其效应。如同类（如只有家庭因素）危险因素可能符合饱和模型，非同类（如个体、家庭、学校和社会因素）危险因素可能更满足恶化模型的定义，当然这一假设还需要实证研究的支持。

（2）中介模型

发展趋势模型主要考虑了危险性因素数目对于适应的影响，并不深究各危险因素之间的关系。但是在实际研究中需要解决的绝不仅是因素数目增减的问题，更要考虑影响因素间的作用机制。另外，叠加模型和交互模型主要考察的是近端危险因素对社会适应的影响（Appleyard et al., 2005），实际上一些远端的危险因素（如邻里危险和贫穷）可能并不与儿童青少年的心理社会适应直接相连，而是通过其他更近端的因素（如父母养育方式）间接联系。因此学者们使用中介模型（或称为间接模型)来解决近远端因素的作用机制这一问题(Jones, Forehand, Brody, & Armistead, 2002)。此模型将某些近端危险因素作为中介变量来检验远端危险因素和青少年心理变量间的路径关系。如 Krishnakumara 和 Black (2002)验证了母亲抑郁和低质量的家庭环境在家庭经济困难、邻里威胁、消极生活事件强度和母亲酒精滥用与儿童青少年各方面能力关系间的中介作用。Jones 等人(2002)利用中介模型探讨了社区危险因素和低收入引起母亲抑郁症状,接着出现不恰当的教养方式,最终导致了儿童的内化和外化问题的作用过程。叠加模型和交互模型(包括恶化模型和饱和模型)只计算危险性因素数目,忽略了近远端因素作用效果的强弱及它们相互间的作用方式,而中介模型能有效地弥补这一不足,不但明确了两类因素的效应强弱,也厘清了近、远端因素的内部作用机制。

5.3.3 保护性因素的理论模型

虽然危险性因素存在负面的累积效应,但同时受保护性因素抵消和削弱,即在另一个方向上,积极变量也有广义的累积作用,个体的适应状况得以稳定和改善。由于保护性因素从危险性因素的研究衍生而来,所以保护性因素的理论模型通常与危险性因素结合在一起探讨,其模型主要有补偿模型、保护模型和挑战模型。

(1) 补偿模型

补偿模型(或称直接模型)是解释保护性因素作用方式的较为简单的一种模型。该模型认为,保护性和危险性因素共同预测青少年社会适应,但两者互不交叠,相互对立。危险性因素直接增加消极结果的可能性,保护性因素则从相反的方向直接增加积极结果的可能性(Fergus & Zimmerman, 2005; Garmezy, Maten, & Tellgen, 1984; Ostaszewski &

Zimmerman，2006)。在控制危险性因素对发展结果的消极效应后，保护性因素可以对结果变量独立发挥作用（主效应），它抵消和补偿危险性因素所带来的消极后果（补偿效应）。如生活贫困的青少年比生活富裕的青少年更可能出现暴力行为，但是成人对青少年行为的监控可能抵偿贫穷带来的负面效应（Edari & McManus，1998）。又如，家庭暴力可引发青少年较多的攻击行为，但拥有积极同伴榜样可能抵消家庭暴力的消极效应。

（2）保护模型

虽然补偿模型认为保护性因素和危险性因素对青少年的心理结果各自发挥着影响，但仍有很多研究发现两者具有明显的交互作用，这就是保护模型（也作交互模型）的主要观点。该模型认为社会适应保护性因素会调节危险性因素的作用，即当某种保护因素（或积极个体特质）出现时，危险因素的效应将被极大削弱。换言之，保护性因素实际上是对危险性因素传递了一种"免疫"作用。而如果个体特质更具易感性的话，保护作用会被削弱，危险因素的影响将变得更显著。由此这一模型也被称为免疫—易感性模型。保护模型也可以再细分为保护—稳定性模型和保护—反应性模型（Fergus & Zimmerman，2005；Luthar，Cicchetti，& Becker，2000）。保护—稳定性模型是指保护因素对冲危险因素的作用效果。当缺乏保护因素时，高水平危险和高水平的消极结果紧密相连，一旦出现保护因素，危险因素和消极结果间的连接将被切断（见图1-5-2a）。例如，在低水平的父母支持和监控的青少年中，那些没有成人指导的个体可能犯罪，而接受了成人指导的却不会出现相应行为。保护—反应性模型描述的是当保护因素水平降低或消失时，危险因素和社会适应结果之间可能的相关关系。它认为若保护因素缺失，危险因素和危险结果之间的关系变得更强（见图1-5-2b）。例如学校的性教育可能会减弱（而非完全切断）青少年药物滥用和危险性行为之间的联系，但对于未接受性教育的青少年，其药物滥用和危险性行为间仍存在较强的关联。

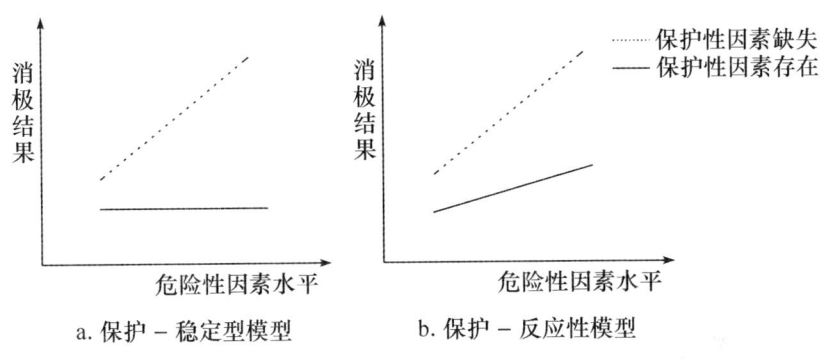

图1-5-2 保护性因素的保护模型

此外，保护—保护模型则是一种专门用于刻画保护性因素之间相互作用的模型。在该模型中，某种保护因素会加强另一种保护因素对积极结果的促进作用。例如，父母支持和自身较强学习能力两因素中的任意一个单独存在时都有助于高学业成就的产生，对同时拥有两种因素的儿童而言，父母支持可能增强其学习能力产生的高学业成就（Fergus & Zimmerman，2005）。当然多个保护性因素对青少年社会适应的作用是简单线性关系，还是饱和关系（变化率减小），抑或是倍增（减）关系（变化率增加），目前尚未有研究予以论证，但实际上可能存在不同的模式。

（3）挑战模型

在满足一定条件的情况下，危险性因素转而也会发挥保护性因素的作用，促进青少年的积极发展，这种观点的典型代表就是挑战模型。它认为对于某一危险性因素来说，水平过高和过低都和消极发展结果紧密相关，而中间适度水平更可能导致最优的发展结果（Fergus & Zimmerman, 2005)(见图 1-5-3)。例如，如果家庭冲突过少，不利于青少年学习如何处理家庭外的人际冲突，但过多的家庭冲突会令人产生焦虑、抑郁等情绪。因此，适度的冲突会让青少年有恰当的机会了解冲突的发展变化，学习解决办法。可见，青少年可能会获益于适度危险的环境，因为这会为他们提供实践技能和运用资源的机会。适度而具有挑战性的危险因素是青少年社会适应潜在的增强因素。

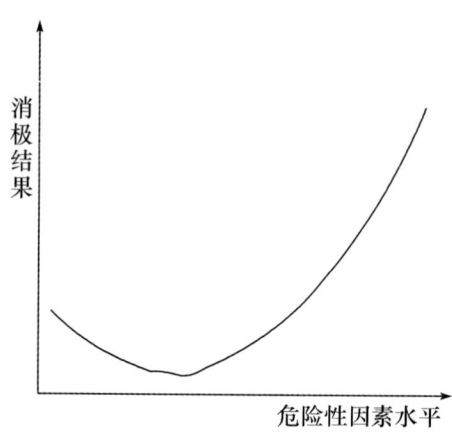

图 1-5-3　保护性因素的挑战模型

按照发展的观点，挑战模型也可以被认为是接种或硬化（inoculation or steeling）的过程。持续或重复暴露在某种低水平危险因素中对青少年而言实际上是一个预防和接种的过程，为他们克服和度过将来更加严重的危机做好准备。接种模型与挑战模型极为相似，当某一因素导致了消极后果时被认为是危险的，但当它教会青少年更好地掌控未来的压力时就被认为是有益的。接种模型提示我们，青少年在变化发展的过程中有能力充分运用自己的资源来克服外来的不幸。若青少年能成功应对低水平的危险，也标志着他们对未来可能的更大危险已未雨绸缪。随着生理不断成熟，在持续面对更多挑战时，其个人能力将得到极大提升。当然，从发展的角度来看，补偿模型、保护模型和挑战模型都可以被认为是接种的范畴。在补偿、保护和挑战过程中的重复暴露,为青少年应对后来各种灾难压力打下了坚实的基础(见图1-5-4)。

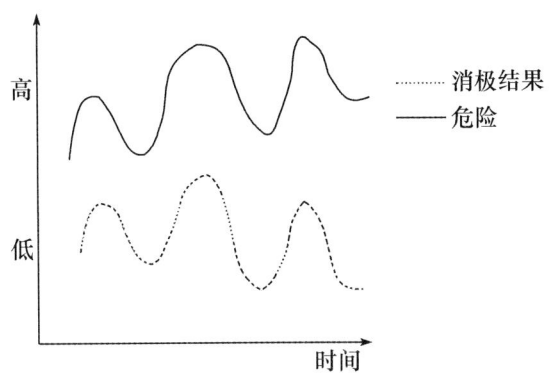

图1-5-4 保护性因素的接种模型

以上只是危险性和保护性因素累积效应的理论模型,现实中很可能存在两类因素间各种模型的有意义的组合。然而,出于模型结合复杂性和数据支持度的考虑,目前鲜有研究论及模型间的相互作用。今后相关研究可考虑根据青少年适应的实际情况来探讨累积性因素间的作用。随着心理学对儿童青少年社会适应影响因素的研究日益深入,越来越多的学者认识到只有发挥多重保护性因素的累积作用,特别是关注内在和外在、近端和远端保护性因素的交互作用才能充分抵御危险性因素的危害。

5.3.4 犯罪未成年人社会适应的危险性和保护性因素

前面多次提到,犯罪未成年人可以被归到社会适应失败的一类群体,而实际上就算是犯罪人群内部都可能存在不同社会适应状况的个体。一些个体适应情况相对良好,另一些可能较差;部分犯罪未成年人某些方面的适应状况较为良好,但另外的适应领域可能也较差,另外一些人群社会状况也可能恰好相反。这些截然不同的适应状况都可能是犯罪未成年人所拥有的不同种类和程度危险性因素和保护性因素导致的。

虽然从影响因素的来源可以将社会适应的影响因素分为个体、家庭和学校等因素,而从干预和预防适应不良的角度也可以分为危险性因素和保护性因素,但却很少有人考察多种分类间的相互作用。例如,与个体危险性因素同家庭保护性因素的结合相比,个体保护性因素同社会危险性因素结合有怎样的作用效果?与远端保护性因素同近端危险性因素结合相比,远端危险性因素同近端保护性因素结合的效果是否更强?这些类型间的因素组合方式对于鉴别哪些影响因素的作用效果最为重要提供了可操作的方法,尤其是如果能够找到某些因素间的组合方式可以促进犯罪人群的社会适应,这对于挽救犯罪未成年人,矫治其犯罪行为,帮助他们重新融入社会有非常重要的指导意义,有助于全社会的安定团结和稳定发展。

第二章 问题提出

1 本研究拟探讨的问题

1.1 犯罪未成年人社会适应的特点

现有的研究对社会适应的测量和评估存在一定局限。学者们主要从消极方面界定社会适应，尤其临床研究者更倾向从适应不良和问题行为的角度探讨社会适应。实际上，积极适应也是社会适应的一个非常重要的方面。很多时候，由于积极适应未得到提升，单纯减缓和降低消极适应并不一定获得良好社会适应。可以说，积极适应和消极适应是社会适应两种不可或缺的功能状态。本研究拟从积极和消极两种功能状态测查社会适应。

目前研究者们常采用多个不同指标或测量工具考察社会适应，较少有研究以结构化的综合问卷的方式考察适应状况。这些指标或工具也存在一定共同点，可以将其划分为个人、人际、行为和环境适应等四个相对独立而有联系的适应领域，符合个体和环境交互作用的总体思想。这种领域划分参考了生物生态模型理论，也能够将大多数社会适应研究提出的适应领域和范畴统一起来。基于这一考虑，本研究拟从适应的四个领域来探讨犯罪未成年人的社会适应状况。

大众对社会适应不良外显的、直观的认知就是个体表现出的问题行为。众多研究认为,问题行为实际上是社会适应不良的一个非常重要的方面,也是鉴别适应良好与不良的敏感指标。问题行为可以说是未成年人犯罪特殊表现形式,或者是犯罪行为初级阶段。已有研究发现,犯罪青少年在学生时期的问题行为远甚于普通人(屈智勇,2005),但学生时期的他们还被认为是正常人群,只不过问题行为相对较多。所以比较犯罪人群、高问题行为的普通人以及低问题行为普通人的适应情况,可以更好厘清犯罪未成年人适应不良的特点,对预防犯罪有积极意义。当然,探索犯罪人群和高问题行为人群的异同,也有利于减缓和阻止普通高问题行为人群适应状况恶化的趋势,改善和提升边缘群体的适应状况。

1.2 个体因素对犯罪未成年人社会适应的影响

个体因素与未成年人犯罪关系的研究主要集中在遗传生物因素和心理因素两大方面,其中心理因素包括性格倾向性、自我控制、移情和同情、社会问题解决等。低自我控制是众多心理因素中对未成年人犯罪解释率最高的变量,Shaffer 在情绪情感发展中对自我控制定义时,认为自我控制是个体对自己情绪和情感的控制和调节能力(屈智勇,2005)。由此,自我控制与犯罪之间的相关很大程度上可以用情绪情感的控制和调节能力来解释。此外,一些研究也发现了移情、同情等变量与未成年人犯罪行为的关系(Chen, 2009; Evans, Ehlers, Mezey, & Clark, 2007; Giordano, Schroeder, & Cernkovich, 2007),而移情主要指的是对他人情绪的了解和反应。

按照 Mayor 等人的观点,情绪情感的控制和调节以及移情等概念都属于情绪智力（情绪感知、情绪理解、情绪运用、情绪管理）的范畴。国内研究（刘艳、邹泓，2010）发现情绪智力和社会适应之间存在一定关系，但情绪智力与犯罪行为和犯罪未成年人社会适应有什么关系，它对犯罪未成年人适应的哪些方面产生影响，目前仍鲜有研究涉及。因此，本研究拟探讨情绪智力与犯罪未成年人社会适应间的关系。

个体因素中的社会问题解决能力也是有效预测犯罪行为的重要变量。社会问题解决能力是一个人试图解决他们现实生活中社会环境下的问题的认知—情感—行为的过程和技能。有效的解决就是达到问题解决的目标，同时放大其他积极的结果，缩小消极的结果。社会问题解决能力的缺乏是导致攻击和暴力行为产生的最重要的危险因素（D'Zurilia, Edward, & Lawrence, 2003），近来也有研究认为社会问题解决的训练也能够有效地矫治性犯罪被试（Nezu, D'Zurilla, & Nezu, 2005）。虽然，一些研究者发现了社会问题解决能力与社会适应（杨颖、邹泓、余益兵、许志星，2011）和犯罪行为（叶苑，2007）间的联系，但较少有研究探讨社会问题解决能力与犯罪未成年人社会适应的关系，由此本研究也拟考察社会问题解决能力对犯罪未成年人适应的预测作用。

在预测未成年人适应和犯罪行为的变量中，社会智力（social intelligence）可以被认为是非常重要的一种，因为它包括了社会技能、社会问题解决等。而研究表明，情绪智力与社会智力之间仍存在着紧密联系，因为情绪智力的一个重要方面就是对社会关系情绪的归因（Mayor et al., 1990）。这样看来，情绪智力和社会问题解决应该存在某种联系。

情绪智力可以说是与社会问题解决相联系的最新概念，但它们的关系值得进一步探索（McMurran，2005）。具体而言，一部分观点认为情绪智力包括了问题解决能力。如情绪智力的混合模型融合了能力模型的一些维度和其他与情绪相关的特质，它实质上是一个广义的情绪智力的界定。持有混合模型观点的 Bar-on 等人将问题解决归于情绪的适应性，认为它也是情绪智力的组成部分。另一些研究者则认为社会问题解决其实是社会信息加工的一种特殊表现形式，而社会信息加工包括了对情绪知识（情绪感知、情绪调节、情绪利用、情绪行为和情绪状态）的加工（Crick & Dodge, 1994; Lemerise & Arsenio, 2000; Mostow, Izard, Fine, & Trentacosta, 2002; Stewart & Rubin, 1995）。总体而言，情绪智力和社会问题解决的关系仍不明确。那情绪智力和社会问题解决之间到底存在何种关系？它们如何相互作用影响犯罪未成年人的社会适应？本研究也拟考察这一存在争议的问题。个体危险性和保护性因素作用于社会适应时，也可能存在不同的作用方式。本研究也希望考察个体危险性因素和保护性因素对社会适应的累积效应符合哪种理论模型，同时也拟考察不同重要程度的个体保护性因素和危险性因素对社会适应的影响。

1.3 犯罪未成年人的家庭环境状况的特点及其对社会适应的影响

家庭环境因素是探讨未成年人犯罪时最为重要的环境因素，恶劣的家庭环境和家庭社会化的失败是造成青少年社会适应不良和犯罪的重要变量。本研究将犯罪未成年人的家庭环境分成家庭社会经济地位、家庭结构和家庭心理环境几个方面，家庭心理环境又包括了亲子关系、父母关系和家庭功能等。

家庭社会经济地位、社会阶层和家庭结构与未成年人犯罪之间的关系尚不明确。虽然家庭社会经济地位与犯罪之间可能有一定关系，但其相关并不稳定（Tittle，1983）。而国内家庭社会经济地位与未成年人犯罪的关系尚鲜见著述，值得我们关注。国外的研究发现，残缺的家庭结构与未成年人犯罪存在正相关，这主要是因为不完整家庭中的儿童青少年缺乏家人的监管，更易发生问题和犯罪行为（Loeber & Stouthamer-Loeber，1986）。至于中国是否也存在相似的情况，国内较少有研究探讨这一问题。由此本研究拟就家庭社会经济地位、家庭结构与未成年人犯罪之间的关系进行探讨。

家庭心理环境中，亲子关系对犯罪未成年人的影响最为直接。根据自我控制理论，个体对社会规则的遵从取决于个人和社会之间的联系，良好的亲子关系则加强了这种联系，较低的亲子依恋质量、消极的养育方式、无效的父母支持、高发的亲子冲突都可能减弱或者破坏这一连接，从而导致犯罪行为。其次，父母关系对青少年犯罪有间接的影响。情绪安全性假说认为（Damon & Lerner，2009；Davies，Dumenci，& Windle，1994），婚姻冲突对儿童情绪调控能力产生消极作用，影响儿童调控其父母行为的动机，会改变儿童对家庭关系的认知表征。社会学习理论（Damon & Lerner，2009）则认为，父母是儿童社会学习的榜样，如果父母关系表现为冲突，他们就会习得愤怒、冲动等应对方式，进一步发展出问题行为和犯罪行为。另外，亲子关系和父母关系都可以有机统一于家庭功能。家庭系统理论认为，家庭作为一个系统满足家庭成员的需要，适应并促进家庭成员的发展，家庭成员在其中相互影响，形成家庭整体功能，对家庭成员的心理健康和适应行为产生作用。由此可见，家庭心理环境三方面对未成年人的社会适应和犯罪行为均有显著影响。由此本研究将从这三方面来评估犯罪未成年人的家庭心理环境，与普通未成年人进行比较，并在进一步研究中探讨家庭心理环境对犯罪未成年人的社会适应状况的影响。

以往考察家庭与未成年人犯罪之间的关系的研究大多以发展生态学理论和相关犯罪学理论为指导，虽然这些研究可以对不同家庭变量间复杂的关系进行深入、细致探讨，但无法回答在众多家庭变量中，哪些是影响犯罪未成年人社会行为和犯罪行为的重要而敏感的因素，也就不能为促进犯罪未成年人的良好适应，干预和矫治其犯罪行为提供参考。引入危险性因素和保护性因素的研究范式，可以为解决这一问题提供新的视角。另外，如前文所述，家庭危险性因素和保护性因素影响社会适应时，可能存在不同的作用方式。同性质（是个体还是家庭因素）的危险性和保护性因素，是符合饱和模型还是其他模型，以及不同重要程度的家庭保护性和危险性因素对社会适应的影响，这也是本研究关心的问题。

1.4 保护性和危险性因素对犯罪未成年人社会适应的影响机制

虽然国内有一些学者探讨了未成年人犯罪的原因和影响因素，但这些学者的研究单独对外部因素和个体因素考察较多，而将二者结合起来考察较少。从多元犯罪原因论和问题行为理论来看，未成年人社会适应不良和犯罪是个人与环境相互作用的结果。由此本研究将家庭环境因素与个体因素相结合来考察犯罪未成年人的社会适应。当然，家庭环境更多的时候是通过作用于个体因素来影响未成年人适应行为。例如，受到父母的密切关注的冲动性人格的未成年人，便少有机会被问题行为同伴引诱。大量父母离异或者家庭关系破裂的青少年同样有着良好的社会适应状况，个体自我调节作用功不可没。这些情况表明，保护性因素会减弱或者冲抵危险性因素的负面作用。

实际上，已有的一些研究论述了保护性和危险性因素对普通儿童青少年社会适应和心理健康的作用机制，但少有研究关注犯罪未成年人的相应情况。犯罪未成年人作为特殊人群，相对于普通人群而言，其危险性因素的作用效果更强，保护性因素的作用相对较弱。进一步说，干预未成年人犯罪不仅救赎了他们自身，与挽回一个成年犯人相较，成功地拯救初堕犯罪的未成年人可在相当长的时间内（大多数时候是这个人从未成年到死亡的数十年）避免社会治安恶化，减少了社会不稳定因素。遗憾的是，目前鲜有学者关注两类因素如何影响犯罪未成年人社会适应，由此本研究希望能够弥补这一缺憾。

探讨保护性和危险性因素的相互作用必须注意以下两点。（1）保护性和危险性因素相互作用必须符合实际意义。前人通过多次探索发展了不少保护性和危险性因素各自和相互作用的理论模型，对实际研究很有指导和启发意义。特别要强调的是，在论证两类因素相互作用时，应思考其在现实生活中的应用价值。如考虑在民主型的家庭教养方式氛围中成长的青少年，其实际社会问题解决能力可得到较好的发展，从而获得良好的社会适应状况。（2）探讨两类因素的作用需要按层次分类。虽然 Jessor 等人以问题行为理论为基础的一系列研究考察了社会和个人的保护性和危险性因素共同对问题行为的影响，但仍有不少研究并未对两类因素按照影响来源进行分类。尤其在探索危险性因素或保护性因素各自的累积作用时，不同影响源可能存在相异的作用方式，如果将个体、家庭、学校等因素简单加和来考虑共同的累积作用，很可能忽略了各类因素的内部差异。由此考虑保护性和危险性因素的作用时应该尝试从影响来源等方面进行进一步细分。

2　研究意义

2.1　理论意义

本研究在分析犯罪未成年人社会适应特点的基础上，探讨其影响因素和作用机制。在个体因素中选取了先前研究很少关注的情绪智力和社会问题解决能力，在家庭因素中全面考察了家庭社会经济地位、家庭结构、亲子关系、父母关系和家庭功能等状况，并从保护性因素和危险性因素角度切入，进一步探讨了个体、家庭保护性因素和危险性因素对社会适应的共同作用。

本研究验证并丰富了问题行为理论、多元性犯罪原因论以及低自我控制理论等犯罪理论，尤其推动了问题行为理论在犯罪未成年人中应用。本研究也探索了问题行为理论中环境系统和个体系统内保护性因素和危险性因素的作用机制，并明确提出对犯罪未成年人而言其行为系统也存在积极和消极适应两种状态。本研究的结果既为这些理论提供有力和可靠的实证支持，又能够帮助深入理解犯罪未成年人社会适应的影响机制。

2.2　实践意义

未成年人犯罪已经成为世界各国共同关注的热点问题之一，未成年人犯罪从微观上影响了个体的健康成长和家庭的幸福，从宏观上严重地损害他人和社会公共利益，带来恶劣的社会影响，耗费大量的社会成本。据估计，一个高危险个体需要花费170—230万美元予以矫治干预

(Cohen, 1998)。一旦实施犯罪行为，犯罪个体再犯率可以达到20%以上（Quinsey, Rice, & Harris, 1995; Serin & Amos, 1995）。探讨犯罪未成年人哪些方面社会适应出现问题以及分析社会适应的影响因素，能够对沦为罪犯之前的未成年人社会适应不良的状态给予调节和干预，可以在其犯罪之前阻断和预防，降低了犯罪矫治高昂的社会成本（Bartol & Bartol, 2005）。

本研究对情绪智力和社会问题解决能力的个体因素考察，是在我国未成年人犯罪研究领域中很少关注到的。青少年时期正是人生向成年人过渡的时期，这个时期生理的发育成熟带来了心理上的急剧反应，逐渐产生了一种成人感，但是其独立性的发展与对成年人的依恋的矛盾较为突出，因此与父母之间容易产生矛盾，他们喜欢我行我素，做事缺乏考虑、易冲动和感情用事，希望脱离父母的管束但面对实际问题却无法很好地解决，缺乏应对办法。良好的情绪智力和社会问题解决能力对青少年的心理健康发展和适应社会有着良好的促进作用。

同时本研究也从危险因素和保护因素角度探讨犯罪未成年人社会适应的影响源。这就为甄别、预防和干预未成年人犯罪的实践工作提供切实可靠的科学依据，有利于促进个体的健康发展、家庭的幸福、社会的稳定与和谐发展，研究的结果对于预防和减少未成年人犯罪行为具有重要的现实意义。

3 总体研究思路和内容

本研究拟根据未成年人犯罪的相关理论，采用问卷调查的方法探讨犯罪未成年人社会适应的特点及其影响机制。总体研究思路如下：

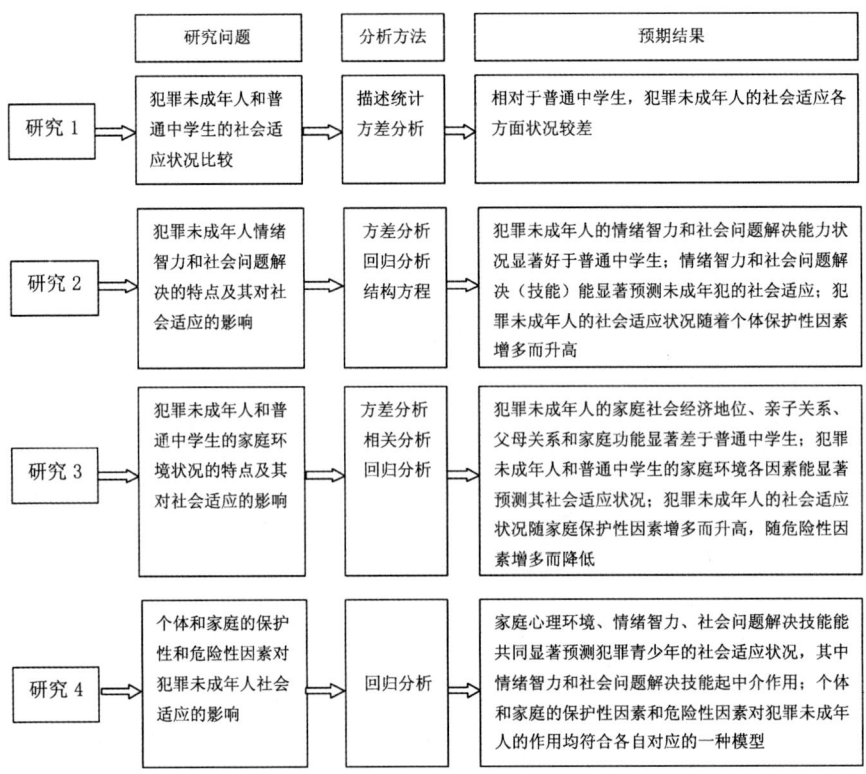

图 2-3-1 总体研究思路

第三章 犯罪未成年人社会适应的特点

本章主要探讨了犯罪未成年人社会适应的特点。首先描述了犯罪未成年人的犯罪类型、年龄、受教育状况等基本状况。然后通过比较低问题行为的普通中学生、高问题行为的普通中学生和犯罪未成年人的社会适应状况，明确了犯罪未成年人社会适应 8 个维度的特点。

1 研究目的

比较犯罪未成年人和普通中学生的社会适应状况，探讨犯罪未成年人社会适应的特点。

2 研究假设

犯罪未成年人的社会适应状况显著差于普通中学生的高问题行为组和低问题行为组，但犯罪未成年人某些适应方面与普通高问题行为组不存在显著差异。

3 研究方法

3.1 被试

(1) 预测被试,在北京两所中学选取初一、初二、高一和高二的372名被试进行预测,对部分问卷进行修订。

(2) 正式施测的被试包括普通中学生和犯罪未成年人两类群体,其中犯罪未成年人分别来自上海市和云南省未成年人管教所,普通中学生来自云南省昆明市、陕西省西安市、广东省广州市、北京市和上海市,选取重点和非重点学校的初一、初二、高一和高二四个年级的学生,其中犯罪未成年人为562人,普通未成年人为654人,均为男性。

下面从犯罪类型、年龄、受教育程度和同伴特点等方面介绍犯罪未成年人的基本情况。

(1) 犯罪类型。未成年人犯罪的种类较多,其中抢劫罪的比例最高,达到63.2%,偷窃等财产犯罪比例次之,为15.9%(见表3-3-1)。

表3-3-1 犯罪未成年人的犯罪类型分布

	抢劫	故意伤害	杀人	强奸	偷窃	贩毒	强迫他人卖淫	纵火	其他	总计
n	327	57	9	18	82	19	3	1	1	517
%	63.2	11.0	1.7	3.5	15.9	3.7	0.6	0.2	0.2	100.0

注:犯罪类型有45人缺失,以下表格中若出现被试量小于犯罪未成年人或普通中学生总数的情况均为缺失值所致。

(2) 年龄。由于犯罪未成年人在被判刑之前会经历作案、在逃、拘留和审判的过程,大概会在一年至两年的时间,在押时的年龄集中在

16—18岁之间(占犯罪未成年人总数的88.7%),普通中学生的年龄主要集中在12—16岁之间(占普通中学生总数的92.0%)。犯罪未成年人的受教育程度大多数是初中水平(62.1%),说明犯罪未成年人的不良行为的起始年龄大多数处于初中阶段,由此可见,这犯罪组和普通组的两组被试具有一定的可比性(见表3-3-2)。当然两组被试的平均年龄存在一定差异(t=32.03,p<0.001),为防止年龄因素对因变量的影响,将会在进行两组比较时对被试年龄加以控制。

表3-3-2 不同群体青少年的年龄分布

	12-14岁	15岁	16岁	17岁	18岁	M
犯罪	20	42	121	282	82	16.74岁
普通	370	112	102	46	5	14.05岁
合计	390	154	223	328	87	

(3)受教育程度。犯罪未成年人的受教育程度多为初中以下,占全部群体的93.9%,而普通中学生受教育程度比例较为平衡,初中程度(包括在读)为53.4%,高中程度(包括在读)为46.6%。

表3-3-3 不同群体青少年的受教育程度分布

	没上过学	小学	初中	高中(包括中专、职高、技校)
犯罪	9	162	332	32
普通	0	0	272	237
合计	9	162	504	269

3.2 研究工具

(1)青少年社会适应评估问卷:采用周晖等(2008)编制、余益兵(2009)修订的青少年社会适应评估问卷,包括自我肯定、自我烦扰、亲社会倾向、人际疏离、行事效率、违规行为、积极应对、消极退缩等8个维度,从内容领域可划分为自我适应(自我肯定、自我烦扰)、人际适应(亲社会倾向、人际疏离)、行为适应(行事效率、违规行为)和环境应对(积极应对、消极退缩)4个方面;从功能角度又可划分为积极社会适应(自我肯定、亲社会倾向、行事效率、积极应对)和消极社会适应(自我烦扰、人际疏离、违规行为、消极退缩)两类,共50个题目。问卷采用5级评分,从"完全不符合"到"完全符合",分别记作1—5分,按维度求各题目的平均分。Cronbach a 系数在0.86—0.87之间。验证性因素分析表明,全部项目的因子载荷均在0.40以上,$x^2/df = 5.52$,$GFI = 0.88$,$CFI = 0.96$,$NFI = 0.95$,$NNFI = 0.96$,$RMSEA = 0.05$。

(2)问题行为问卷:采用方晓义等编制、侯珂(2007)修订的《问题行为问卷》,最终保留了22个题目。共分为两个维度,轻度问题行为和重度问题行为。Cronbach a 系数在0.93—0.95之间,验证性因素分析表明,全部项目的因子载荷均在0.50以上,$x^2/df = 10.04$,$GFI = 0.85$,$CFI = 0.92$,$NFI = 0.91$,$NNFI = 0.91$,$RMSEA = 0.08$。问卷按5级评分,从"从未发生"到"总是",分别记1—5分。对轻度问题行为各题目赋权重值为1,重度问题行为各题目赋权重值为2,计算问卷加权平均分,被试得分越高,问题行为越多。

(3)基本情况调查:包括犯罪类型、年龄、受教育程度、同伴特点等题目。

3.3 研究程序

(1)问卷施测:将未成年人管教所的犯罪未成年人集合到大教室,进行集体施测,由4名心理学研究生担任主试,由于未管所未成年人文化水平差异很大,采用主试大声朗读题目,被试听懂后回答的方式作答，在问卷施测进行到一半时，休息一定时间，以减少疲劳带来的影响。另有两位干警协助管理，负责检查是否有漏答、错答题目现象，给予及时指出，尽量减少问卷出错率。

普通中学采取分班施测的形式，每个班级由一名研究生担任主试，班主任参与纪律管理。主试讲明问卷要求后，被试自己阅读问卷回答题目，必要时主试作出解释。问卷全部采用匿名方式。

（2）数据处理：运用SPSS17.0统计软件对数据进行管理和分析，采用Amos7.0进行验证性因素分析、路径分析和因果模型分析。

4 结果分析

以问题行为得分的平均分为界，将普通青少年分成低问题行为组和高问题行为组，与犯罪未成年人进行比较。以三类未成年人为自变量，社会适应为因变量，同时控制年龄、父母最高受教育程度、感知到的生活水平，进行多元方差分析，发现年龄主效应显著，$F(8, 1180) = 5.51$，$p < 0.001$，父母最高受教育程度的主效应不显著，$F(8, 1180) = 1.13$，$p > 0.05$，感知到的生活水平的主效应显著，$F(8, 1180) = 7.25$，$p < 0.001$，被试类型（组别）主效应显著，$F(16, 2362) = 20.26$，$p < 0.001$。进一步对社会适应各维度分析发现，三组被试在所有维度上的得分均存在显著差异（见表3-4-1）。事后检验发现，在自我肯定、亲社会倾向两维度上，犯罪组的得分依次显著低于普通高问题行为组和普通低问题行为组；在自我烦扰、违规行为和消极退缩上，得分情况恰好相反。在人际疏离、行事效率和积极应对维度上，普通高问题行为组与犯罪组不存在显著差异，这两组的适应情况均较普通低问题行为组为差，表明在社会适应的某些方面普通高问题行为组与犯罪组具有一定的相似性（见表3-4-1事后检验）。

表3-4-1 犯罪未成年人和普通中学生的社会适应各维度的平均分比较

		自我肯定	自我烦扰	亲社会倾向	人际疏离	行事效率	违规行为	积极应对	消极退缩
低问题行为[a] ($n=373$)	M	3.90	1.85	4.06	1.85	3.72	1.29	3.81	2.13
	SD	0.76	0.84	0.68	0.76	0.73	0.58	0.77	0.80
高问题行为[b] ($n=273$)	M	3.63	2.13	3.72	2.23	3.24	1.58	3.52	2.30
	SD	0.84	0.89	0.73	0.88	0.74	0.70	0.77	0.79
犯罪群体[c] ($n=547$)	M	3.43	2.50	3.51	2.29	3.25	2.52	3.52	2.58
	SD	0.65	0.84	0.69	0.82	0.79	1.04	0.81	0.89
$F(2,1178)$		27.31***	29.43***	29.93***	16.00***	30.76***	115.36***	15.20***	10.72***
事后检验		ab,bc,ac	ab,bc,ac	ab,bc,ac	ab,ac	ab,ac	ab,bc,ac	ab,ac	ab,bc,ac

注：$*p<0.05$　$**p<0.01$　$***p<0.001$。事后检验中，ab 表示低问题行为组和高问题行为组在该维度上的得分存在显著差异，其余字母对应的含义可类推。

5 讨论

社会适应表征了个体和社会和谐相处的过程和结果，综合反映了个体融入社会，被社会接纳的程度。某种程度上，社会适应可以综合表示青少年社会性发展情况。犯罪未成年人正是社会适应出现了问题，但到底是哪些方面出现问题，先前的研究鲜有涉及。基于此，本研究从自我适应、人际适应、行为适应和环境应对等四个适应领域对犯罪未成年人社会适应进行了系统的分析和探讨。

在自我适应方面，犯罪未成年人自我肯定得分显著低于普通中学生，其自我烦扰的得分显著高于普通中学生，犯罪未成年人自我适应状况相对较差。当然，自我适应包括自卑、焦虑、情感问题、人格障碍等其他问题，研究表明，犯罪青少年的情绪更为暴躁（邵阳、谢斌、乔屹、黄乐萍，2009），易出现焦虑抑郁等症状（王才康，2002），精神和人格障碍发生的几率也比较大（汪力、李高峰，2009）。由此看来，前人研究结果与本研究的发现较为吻合。

相对于普通中学生，犯罪未成年人人际适应状况也相对较差。与小学儿童有所区别的是，进入青春期后，青少年主要的人际交往的对象已经发生了转变，同伴已经取代父母占据了人际交往的主要位置，同伴不良与青少年犯罪的关系密切。本研究也发现，相对普通青少年而言，犯罪青少年的同伴更可能抽烟喝酒、经常逃课、与人打架、欺负同学以及不良网络使用。但是需要注意的是，不良同伴与青少年犯罪之间孰因孰果并不清楚。没有证据显示与行为不良同伴的交往先于或是助长了青少年犯罪行为，很大一部分青少年在与有严重问题行为或犯罪行为的朋友交往之前，就倾向于表现出某种经常性的反社会行为。正所谓"人以类聚，物以群分"，较多反社会行为的未成年人也更容易与其有相似价值观和目标的其他青少年成为朋友，未成年人团伙犯罪就是同伴之间相互消极影响的结果。由此，阻断消极同伴影响是防止未成年人犯罪的重要途径。

犯罪未成年人的行为适应与其他两类群体存在显著差异，而且在四类适应领域中差别最大，其中 $F_{行事效率} = 30.76$，$p < 0.001$，$F_{违规行为} = 115.36$，$p < 0.001$。这体现出行为适应是鉴别犯罪与否最为敏感的适应指标。很多时候，普通青少年出现了一些行为适应问题，如损坏公物、打架逃课在生活中偶有发生，若受到的关注或控制不足的话，他们更可能得寸进尺地时常突破社会规则甚至法律的界限，从而进一步地坠入犯罪的深渊。由此获得良好的行为适应是控制青少年犯罪的重要手段，需要得到充分重视，并加以利用。

犯罪未成年人和普通中学生的环境适应状况也存在显著差异。犯罪群体面对问题和新环境变化时通常会采用消极退缩的方式回避遭遇的问题。相对于普通中学生而言，犯罪未成年人可能会采取两种截然不同的应对方式：一是回避遭遇到的社会问题，二是采用激进甚至暴力的方式解决问题，激化问题。这两种方式都是环境适应不良的表现，目前对犯罪群体给予社会问题解决技能方面的训练，能够增加其环境和问题应对策略，舒缓犯罪个体的消极特质带来的应对失当的紧张。

另一方面，许多未成年犯在犯罪之前就有较多的问题行为，是否这一时期的未成年人社会适应业已出现偏差？如果能够及早发现有问题行为的未成年人，予以适当的干预和控制，就可能防患于未然。由此，本研究比较了犯罪未成年人、高问题行为的普通中学生和低问题行为的普通中学生的社会适应状况,发现总体而言犯罪未成年人的社会适应各方面都显著差于普通中学生,但犯罪未成年人在社会适应的人际疏离、行事效率和积极应对方面与具有高问题行为的普通中学生不存在显著差异,即是说,高问题行为的普通中学生在社会适应的人际、行为和环境应对方面都更加接近于犯罪青少年,这可能显示高问题行为组在这些方面存在向犯罪群体靠近和转化的倾向。两个群体在社会适应多方面的相似性,提示我们要十分关注高问题行为的潜在未成年人犯罪人群的社会适应状况。本研究也发现,三种群体在违规行为维度的得分存在较大差异($F(2, 1178) = 115.36, p < 0.001$)。违规行为可以说是区分三种群体的敏感指标,这清晰地刻画出犯罪未成年人从危害性较小的违规行为不断累积而发展出犯罪行为的堕落轨迹,也印证了"勿以善小而不为,勿以恶小而为之"的道理。

6 小结

(1)犯罪未成年人社会适应的自我肯定、亲社会倾向、行事效率和积极应对等积极社会适应维度的得分显著低于普通低问题行为组,犯罪未成年人的自我烦扰、人际疏离、违规行为和消极退缩等消极社会适应维度的得分显著高于普通低问题行为组。

(2)普通高问题行为组的积极适应各维度得分也显著低于普通低问题行为组,其消极社会适应各维度得分显著高于普通低问题行为组。

(3)犯罪未成年人自我肯定、亲社会倾向两积极社会维度的得分显著低于普通高问题行为组,其自我烦扰、违规行为和消极退缩等消极社会适应维度得分显著高于普通行为组，但犯罪未成年人在人际疏离、行事效率和积极应对等维度上的得分与普通高问题行为组无显著差异，这显示两类群体存在一定的相似性。

第四章　个体因素对犯罪未成年人社会适应的影响

本章探讨了个体因素对犯罪未成年人社会适应的影响。首先关注了以往青少年犯罪研究中较少关注的个体因素——情绪智力和社会问题解决能力——的基本状况。在明确两者特点的基础上，分析了情绪智力和社会问题解决能力与社会适应的相关关系，并使用结构方程模型分析了两者对社会适应的预测作用以及社会问题解决技能在情绪智力对社会适应的预测中的中介作用，进一步从保护性因素和危险性因素角度分析了个体因素对犯罪未成年人社会适应的（累积）作用。

1　研究目的

（1）比较犯罪未成年人和普通中学生的情绪智力和社会问题解决能力的差异。

（2）考察情绪智力对犯罪未成年人和普通中学生的社会适应的预测作用。

（3）考察社会问题解决能力对犯罪未成年人和普通中学生的社会适应的预测作用。

（4）考察社会问题解决技能在情绪智力对犯罪未成年人的社会适

应的预测中的作用。

（5）检验个体保护性和危险性因素影响犯罪未成年人社会适应的理论模型。

2　研究假设

（1）犯罪未成年人、普通高问题行为组和普通低问题行为组的情绪智力和社会问题解决能力存在显著差异。

（2）情绪智力能显著预测犯罪未成年人和普通中学生的社会适应的状况。

（3）社会问题解决能力能显著预测犯罪未成年人和普通中学生的社会适应的状况。

（4）社会问题解决技能能够在情绪智力对犯罪未成年人社会适应的预测中起中介作用。

（5）犯罪未成年人的积极社会适应状况随着个体保护性因素的增多而提升，其消极社会适应状况随着个体保护性因素的增多而下降；存在影响社会适应的关键个体保护性因素。

3　研究方法

3.1　被试

同第三章研究方法中的被式。

3.2 研究工具

（1）情绪智力问卷：采用邹泓等人（2008）编制、刘艳等人（2010）修订的情绪智力问卷。问卷包含4个维度：①情绪感知，从自己的生理状态、情感体验和思想中察觉和辨认情绪的能力以及察觉和辨认他人情绪活动的能力。②情绪运用，产生或体验情绪以促进认知行为使问题解决、推理、决策和创造性行为更为有效的能力。③情绪理解，认识情绪体验与语言表达之间关系的能力；理解情绪所传送意义的能力；理解复杂心情的能力；认识情绪转换的可能性及原因的能力等。④情绪管理，个体调节和改变自己和他人情绪的过程，根据所获得的信息，判断并恰当地进入或脱离某种情绪的能力。问卷修订后项目数为18个，各维度的 α 系数在 0.71—0.81 之间。验证性因素分析显示，问卷结构效度良好，$\chi^2/df = 5.90$，$NNFI = 0.97$，$CFI = 0.98$，$RMSEA = 0.04$；所有项目载荷在 0.52—0.81 之间。问卷采用5点评分，1表示非常不符合，5表示非常符合。

（2）社会问题解决能力问卷：采用杨颖（2009）编制的中学生社会问题解决能力问卷，共32个项目，5个维度。问题趋近（10项），如"问题发生后，我会想办法解决，努力使事情向好的一面发展"；问题回避（6项），如"我不愿去想现在遇到的一些问题"；计划制定（5项），如"我会把一个复杂的问题分解成几部分，按计划一步步解决"；人际沟通（5项），如"我能根据交谈情形，了解对方的言外之意"；支持寻求（6项），如"解决问题时，我会请教别人应该怎么做"。该问卷采用5点计分，从"完全不符合"到"完全符合"，依次记1—5分。整体问卷的 α 系数为 0.86，各维度的 α 系数在 0.71—0.89 之间。

问卷结构效度良好，$\chi^2/df = 4.96$，$NNFI = 0.87$，$CFI = 0.88$，$RMSEA = 0.06$。其中问题趋近和问题回避两维度被认为是社会问题解决态度，计划制定、人际沟通和支持寻求三维度也可以被认为是社会问题解决技能。

（3）青少年社会适应状况问卷：同第三章研究工具中的对应问卷。

（4）问题行为问卷：同第三章研究工具中的对应问卷。

（5）基本情况调查：包括年龄、父母受教育程度、感知到的生活水平等题目。

3.3　研究程序

同第三章的研究程序。

4　结果分析

4.1　犯罪未成年人和普通中学生的情绪智力和社会问题解决能力的差异比较

以不同问题行为程度确定的被试类型为自变量，情绪智力为因变量，同时控制年龄、父母最高受教育程度、感知到的生活水平，进行多元方差分析，发现年龄的主效应显著，$F(4, 1171) = 4.64$，$p < 0.001$，父母最高受教育程度的主效应不显著，$F(4, 1171) = 2.02$，$p > 0.05$，感知到的生活水平的主效应显著，$F(4, 1171) = 4.82$，$p < 0.05$，被试类型的主效应显著，$F(8, 2344) = 16.89$，$p < 0.001$。进一步对情绪智力各维度检验发现，三组被试在所有维度上的得分均存

在显著差异,其中普通低问题行为组和高问题行为组的情绪感知得分显著高于犯罪群体组,普通低问题行为组的情绪运用得分显著高于普通高问题行为组和犯罪群体组,普通低问题行为组的情绪理解和情绪管理两维度得分依次显著高于普通高问题行为组和犯罪群体组。值得注意的是,在情绪运用维度,普通高问题行为组和犯罪群体组的得分不存在显著差异,表明这两组被试利用情绪体验进行问题解决、推理和决策的能力可能都相对较弱(见表4-4-1)。

表4-4-1 犯罪未成年人和普通中学生的情绪智力的平均分比较

		情绪感知	情绪运用	情绪理解	情绪管理
低问题行为[a]	M	3.77	3.75	3.42	3.94
($n=358$)	SD	0.86	0.81	0.80	0.91
高问题行为[b]	M	3.72	3.41	3.24	3.59
($n=270$)	SD	0.91	0.84	0.80	0.97
犯罪群体[c]	M	3.36	3.39	3.11	3.31
($n=552$)	SD	0.75	0.74	0.70	0.93
	$F(2,1174)$	5.68***	10.02***	7.61***	22.66***
	事后检验	ac, bc	ab, ac	ab, ac, bc	ab, ac, bc

*$p<0.05$　**$p<0.01$　***$p<0.001$

以被试类型为自变量,社会问题解决能力为因变量,同时控制年龄、父母最高受教育程度、感知到的生活水平,进行多元方差分析,发现年龄的主效应显著,$F(5,1168)=2.41$,$p<0.05$;父母最高受教育程度的主效应显著,$F(5,1168)=2.44$,$p<0.05$;感知到的生活水平的主效应不显著,$F(5,1168)=1.72$,$p>0.05$;被试类型的主效应显著,$F(10,2338)=10.22$,$p<0.001$。进一步对社会问题解决能力各维度检验发现,三组被试在所有维度上的得分差异显著,其中

普通低问题行为组的问题趋近、计划制定、人际沟通和支持寻求四维度的得分显著高于犯罪群体组和普通高问题行为组，问题回避维度分数情况正好相反。普通高问题行为组人际沟通得分显著高于犯罪群体组（见表4-4-2）。值得注意的是，在社会问题解决能力的四个维度上，普通高问题行为组与犯罪群体组并无显著差异。

表4-4-2 犯罪未成年人和普通中学生的社会问题解决能力的平均分比较

		社会问题解决态度		社会问题解决技能		
		问题趋近	问题回避	计划制定	人际沟通	支持寻求
低问题行为[a]	M	3.98	2.41	3.54	3.79	3.56
($n=358$)	SD	0.74	0.78	0.89	0.79	0.66
高问题行为[b]	M	3.54	2.66	3.10	3.54	3.31
($n=268$)	SD	0.76	0.77	0.84	0.77	0.77
犯罪群体[c]	M	3.65	2.60	3.14	3.36	3.24
($n=552$)	SD	0.76	0.75	0.80	0.72	0.73
$F(2, 1175)$		30.81***	10.12***	30.82***	36.87***	22.04***
事后检验		ab, ac	ab, ac	ab, ac	ab, ac, bc	ab, ac

*$p<0.05$ **$p<0.01$ ***$p<0.001$

4.2 社会问题解决技能在情绪智力对社会适应的预测中的中介作用

4.2.1 情绪智力对犯罪未成年人的社会适应的预测

分别做犯罪组和普通组的情绪智力与社会适应各维度的相关，发现除犯罪组的情绪感知与自我烦扰和违规行为无显著相关外，情绪智力与社会适应其余各维度存在显著相关，其中情绪智力与自我肯定、亲社会倾向、行事效率和积极应对等积极适应维度呈显著正相关，与自我烦扰、人际疏离、违规行为和消极退缩等消极适应维度呈显著负相关（见表4-4-3）。

表4-4-3 犯罪未成年人和普通中学生的情绪智力与社会适应各维度相关

		自我肯定	自我烦扰	亲社会倾向	人际疏离	行事效率	违规行为	积极应对	消极退缩
犯罪	情绪感知	0.20**	-0.08	0.20**	-0.09*	0.23**	0.04	0.28**	-0.10*
	情绪运用	0.35**	-0.24**	0.43**	-0.30**	0.56**	-0.26**	0.63**	-0.22**
	情绪理解	0.29**	-0.22**	0.38**	-0.28**	0.37**	-0.09**	0.37**	-0.13**
	情绪管理	0.14**	-0.44**	0.18**	-0.31**	0.29**	-0.42**	0.27**	-0.37**
普通	情绪感知	0.32**	-0.12**	0.36**	-0.25**	0.29**	-0.10**	0.37**	-0.12**
	情绪运用	0.49**	-0.34**	0.44**	-0.39**	0.53**	-0.15**	0.61**	-0.30**
	情绪理解	0.40**	-0.25**	0.48**	-0.39**	0.40**	-0.11**	0.43**	-0.19**
	情绪管理	0.21**	-0.48**	0.22**	-0.30**	-0.23**	-0.30**	0.23**	-0.41**

* $p<0.05$ ** $p<0.01$ *** $p<0.001$

由相关分析结果可知，可以进行社会问题解决能力对社会适应的预测分析。由此，分别做犯罪组和普通组的情绪智力对积极和消极社会适应的预测的结构方程模型，发现无论是对于犯罪组还是正常组，情绪智力均能显著正向预测积极社会适应，显著负向预测消极社会适应（见图4-4-1和图4-4-2）。其中犯罪组的拟合指数为：$X^2/df = 4.36$，

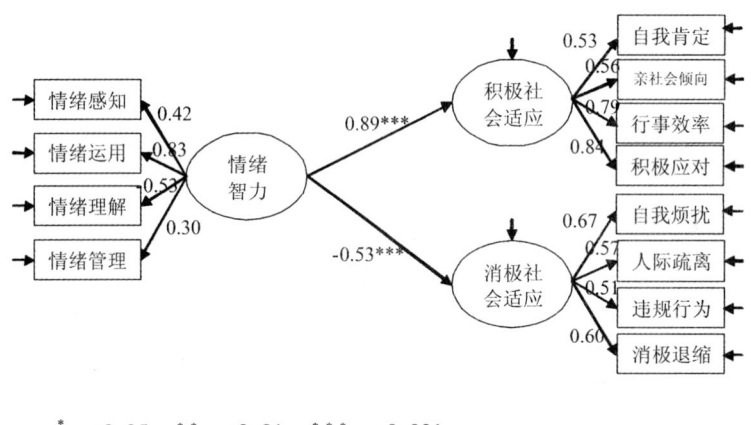

图4-4-1　情绪智力对犯罪未成年人的积极和消极社会适应的预测

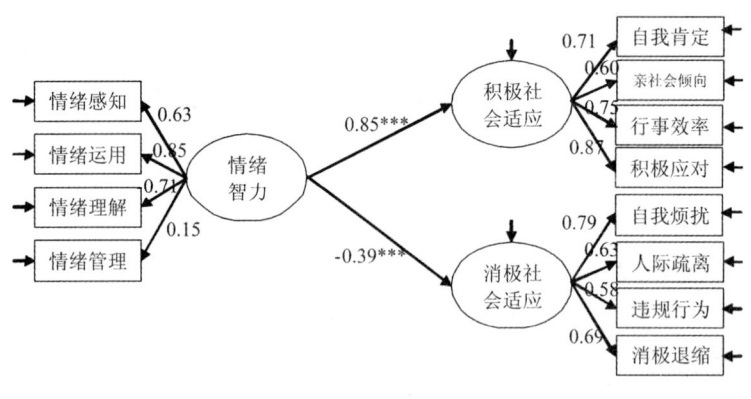

图4-4-2　情绪智力对普通中学生的积极和消极社会适应的预测

$GFI = 0.94$，$CFI = 0.93$，$NFI = 0.91$，$NNFI = 0.89$，$RMSEA = 0.08$；普通组的拟合指数为：$X^2/df = 3.00$，$GFI = 0.94$，$CFI = 0.95$，$NFI = 0.92$，$NNFI = 0.92$，$RMSEA = 0.08$。相对于普通组而言，情绪智力对于犯罪组消极社会适应的预测力更大。

4.2.2 社会问题解决能力对犯罪未成年人的社会适应的预测

分别做犯罪组和普通组的社会问题解决能力与社会适应各维度的相关，发现对犯罪组和普通组而言，社会问题解决能力与社会适应各维度均存在显著相关，其中问题趋近、计划制定、人际沟通和支持寻求四维度与自我肯定、亲社会倾向、行事效率和积极应对等积极适应维度呈显著正相关，与自我烦扰、人际疏离、违规行为、消极退缩等消极适应维度呈显著负相关；问题回避与积极适应四维度呈显著负相关，与消极适应四维度呈显著正相关（见表4-4-4）。

由相关分析结果可知，可以进行社会问题解决能力对社会适应的预测分析。由此，分别做犯罪组和普通组的社会问题解决能力对积极和消极社会适应的预测的结构方程模型，发现无论是对于犯罪组还是正常组，社会问题解决能力均能显著正向预测积极社会适应，显著负向预测消极社会适应（见图4-4-3和图4-4-4）。其中犯罪组的拟合指数为：$X^2/df = 4.42$，$GFI = 0.94$，$CFI = 0.93$，$NFI = 0.92$，$NNFI = 0.91$，$RMSEA = 0.08$；正常组的拟合指数为：$X^2/df = 3.06$，$GFI = 0.94$，$CFI = 0.95$，$NFI = 0.93$，$NNFI = 0.93$，$RMSEA = 0.08$。相对于普通组而言，社会问题解决能力对于犯罪组消极社会适应的预测力更大。

表4-4-4 犯罪未成年人和普通中学生的社会问题解决能力与社会适应各维度的相关分析

		自我肯定	自我烦扰	亲社会倾向	人际疏离	行事效率	违规行为	积极应对	消极退缩
犯罪	问题趋近	0.40**	-0.33**	0.40**	-0.38**	0.56**	-0.33**	0.69**	-0.30**
	问题回避	-0.14**	0.45**	-0.11**	0.31**	-0.31**	0.37**	-0.32**	0.49**
	计划制定	0.33**	-0.21**	0.41**	-0.28**	0.57**	-0.24**	0.57**	-0.23**
	人际沟通	0.34**	-0.21**	0.42**	-0.32**	0.49**	-0.19**	0.54**	-0.23**
	支持寻求	0.19**	-0.29**	0.31**	-0.44**	0.34**	-0.27**	0.30**	-0.12**
普通	问题趋近	0.54**	-0.38**	0.46**	-0.42**	0.62**	-0.24**	0.67**	-0.36**
	问题回避	-0.22**	0.48**	-0.18**	0.33**	-0.32**	0.30**	-0.31**	0.50**
	计划制定	0.40**	-0.25**	0.30**	-0.26**	0.58**	-0.13**	0.51**	-0.27**
	人际沟通	0.45**	-0.30**	0.48**	-0.38**	0.49**	-0.19**	0.50**	-0.25**
	支持寻求	0.23**	-0.28**	0.39**	-0.41**	0.28**	-0.22**	0.24**	-0.09**

* $p<0.05$　** $p<0.01$　*** $p<0.001$

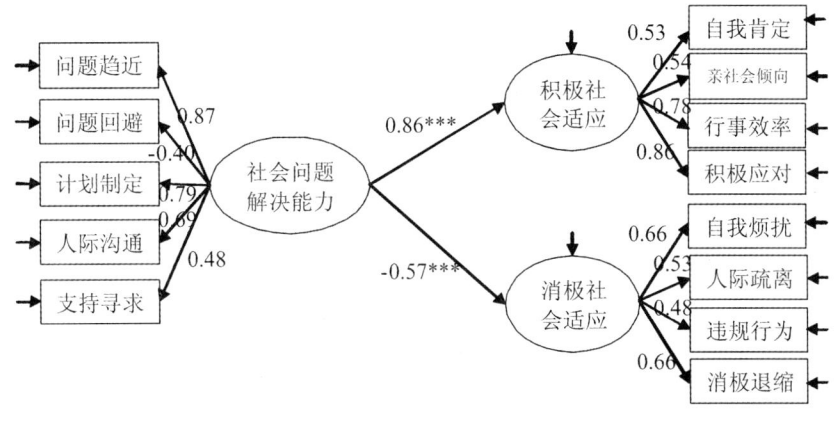

$^{*}p<0.05$　$^{**}p<0.01$　$^{***}p<0.001$

图 4-4-3　社会问题解决能力对犯罪未成年人的积极和消极社会适应的预测

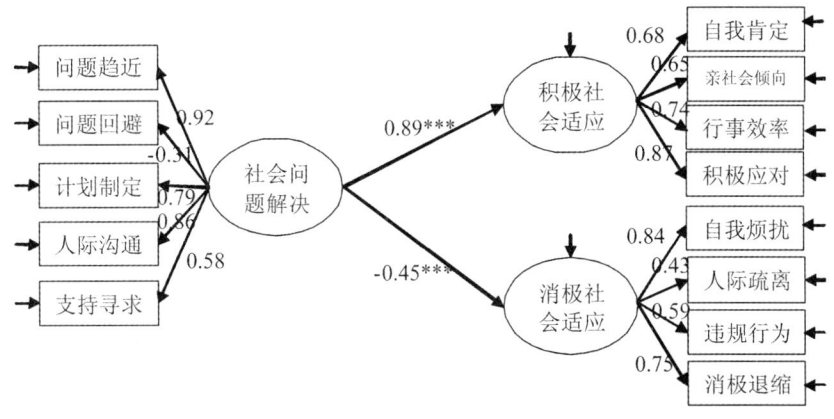

$^{*}p<0.05$　$^{**}p<0.01$　$^{***}p<0.001$

图 4-4-4　社会问题解决能力对普通中学生的积极和消极社会适应的预测

4.2.3 社会问题解决技能在情绪智力对社会适应的预测中的中介作用

在社会问题解决能力中，社会问题解决态度是基本成分，比较稳定。社会问题解决技能较容易通过外界的干预得以提高和改善。因此，将情绪智力作为自变量，社会问题解决技能作为中介变量，验证这两者对社会适应的影响。分别做犯罪组和普通组的情绪智力和社会问题解决技能对积极和消极社会适应的预测的结构方程模型，结果发现，对于犯罪组，社会问题解决技能能够部分中介情绪智力对积极社会适应的预测作用，中介效应值①为 0.32，占中介总效应值②的 45.3%；社会问题解决技能也能够部分中介情绪智力对消极社会适应的预测作用，中介效应值为 -0.17，占中介总效应值的 32.4%，整体模型的拟合指数为：$X^2/df = 4.32$，$GFI = 0.96$，$CFI = 0.96$，$NFI = 0.95$，$NNFI = 0.93$，$RMSEA = 0.08$；对于正常组，社会问题解决技能能够部分中介情绪智力对积极社会适应的预测作用，中介效应值为 0.42，占中介总效应值的 57.3%，但是社会问题解决技能不能中介情绪智力对消极社会适应的预测作用，整体模型拟合指数为：$X^2/df = 2.28$，$GFI = 0.97$，$CFI = 0.98$，$NFI = 0.97$，$NNFI = 0.97$，$RMSEA = $

---

① 结构方程模型中，中介效应值 = 自变量对中介变量的预测系数 × 中介变量对因变量的预测系数。此处社会问题解决技能的中介效应值即为 0.70 × 0.45 = 0.32。

② 中介效应值占总效应值的比例 = 中介效应值/（中介效应值 + 直接效应值）× 100%，直接效应值即为自变量对因变量的直接预测系数，此处社会问题解决技能占中介总效应值的比例为（0.70 × 0.45）/（0.70 × 0.45 + 0.38）× 100% = 45.3%。

0.06（见图4-4-5和图4-4-6）。

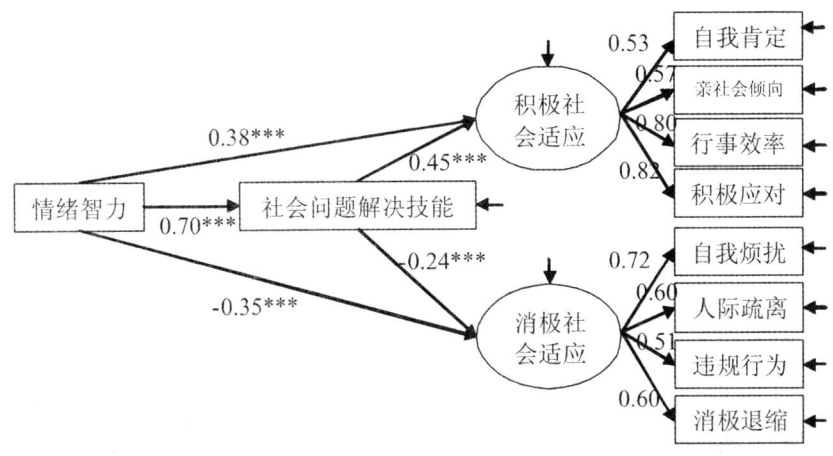

$^*p<0.05$　$^{**}p<0.01$　$^{***}p<0.001$

图4-4-5　社会问题解决技能在情绪智力对犯罪未成年人的社会适应
预测中的中介作用

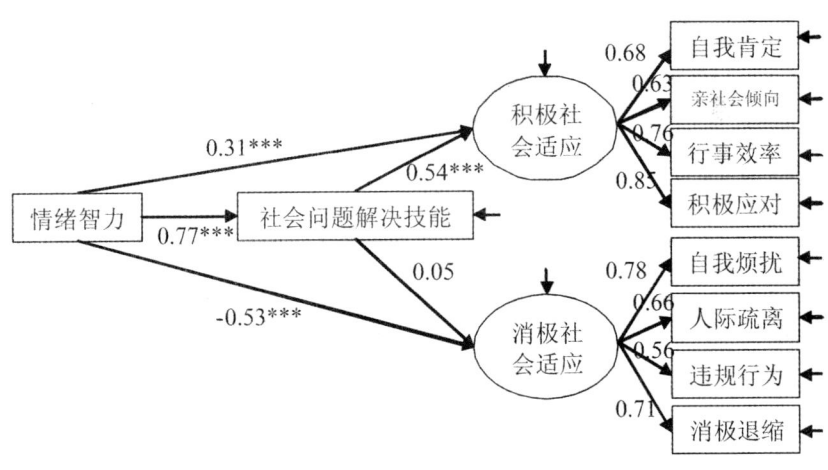

$^*p<0.05$　$^{**}p<0.01$　$^{***}p<0.001$

图4-4-6　社会问题解决技能在情绪智力对普通中学生的社会适应
预测中的中介作用

4.3 个体保护性和危险性因素影响犯罪未成年人社会适应的理论模型检验

先前的数据分析已经表明，情绪智力和社会问题解决能力的各维度对犯罪未成年人的社会适应产生了影响。从预防和干预的角度，还可以将情绪智力和社会问题解决能力各维度划分为保护性因素和危险性因素①。这些因素数目也会影响犯罪未成年人的社会适应状况。

保护性因素和危险性因素数目，即是累积性保护性和危险性因素指数，其计算方法如下：将在某个危险因素的得分位于前25%的个体计分为1，得分位于后75%的个体计分为0，再将所有危险因素的得分相加，形成危险性因素指数（Risk Factor Index，RFI），也即是危险性因素的数目。保护性因素数目计算方法类似。

由于只存在问题回避一个个体危险性因素，不易检验个体危险性因素的叠加模型，下面只验证个体保护性因素的叠加模型。以个体保护性因素数目为自变量，积极和消极社会适应的得分（标准分）为因变量作折线图。随着个体保护性因素数量的增加，积极社会适应状况随之上升，而消极社会适应的状况基本随之下降（见图4-4-7）。

为进一步确定个体保护性因素的叠加模型的性质，对回归方程进行了曲线拟合估计，发现对于积极社会适应而言，一次、二次和三次方程的解释率差异不大，一次线性方程足以解释家庭保护性因素数目的作用。从模型的简约性角度我们选择一次线性回归方程。对于消极

---

① 在这里，情绪智力的情绪感知、情绪运用、情绪理解和情绪管理以及社会问题解决能力的问题趋近、计划制定、人际沟通和支持寻求等正性维度就是保护性因素，而社会问题解决能力的问题回避这一负性维度即为危险性因素。家庭危险性因素和保护性因素划分规则类似。

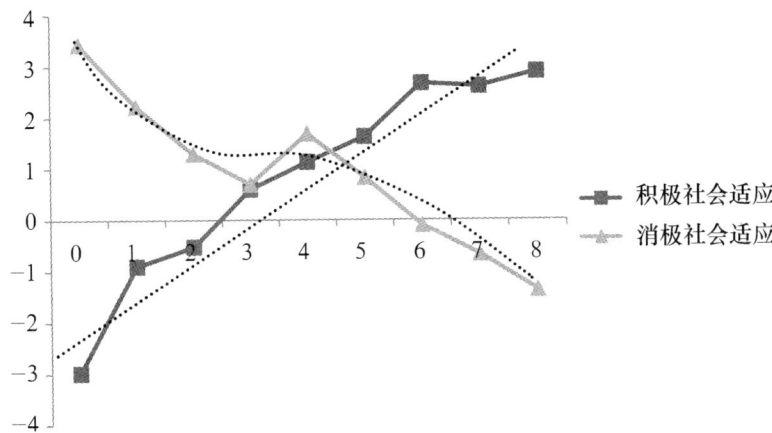

图4-4-7 拥有不同个体保护性因素数目的犯罪未成年人的社会适应状况

社会适应而言,三次方程的解释率最大(见表4-4-5),由此选择三次回归方程(图4-4-7中虚线标示为积极社会适应拟合的一次线性方程和消极社会适应的拟合三次曲线方程)。

表4-4-5 个体保护性因素数目对犯罪未成年人社会适应的回归的曲线估计

	曲线方程	R^2	F	$df1/df2$	$b1$	$b2$	$b3$
积极社会适应	一次	0.93	86.90***	1/7	0.69		
	二次	0.98	145.43***	2/6	1.28	-0.07	
	三次	0.98	87.88***	3/5	1.49	-0.14	0.01
消极社会适应	一次	0.88	53.13***	1/7	-0.51		
	二次	0.88	22.77***	2/6	-0.51	0.00	
	三次	0.94	24.05**	3/5	-1.42	0.30	-0.03

*$p<0.05$　**$p<0.01$　***$p<0.001$

除了个体保护性因素数目对社会适应存在影响之外,因素性质也可能影响社会适应。将8个个体保护性因素分别对积极和消极社会适应进行回归分析发现,情绪智力中的情绪运用($\beta=0.29$,$t=7.41$***)和社会问题解决能力中的问题趋近（$\beta = 0.28$，$t = 6.30^{***}$）两维度对积极社会适应有较强预测作用，问题趋近对消极社会适应有较强预测作用，$\beta = -0.25$，$t = -4.66^{***}$。这表明相对于其他个体保护性因素，情绪运用和问题趋近是积极社会适应的关键保护性因素，问题趋近是消极社会适应关键保护性因素。

为检验关键保护性因素的作用，将存在情绪运用和问题趋近两保护性因素的个体（两因素指数均为1）与不存在该两因素的个体的积极社会适应平均分（标准分）进行 T 检验，发现 $M_{存在} = 1.79$，$M_{不存在} = -1.89$，$t = 9.52^{***}$。将存在问题趋近保护因素的个体与没有问题趋近因素的个体的消极社会适应平均分（标准分）进行 T 检验，发现 $M_{存在} = 0.56$，$M_{不存在} = 2.89$，$t = -7.44^{***}$。这表明有关键个体保护因素的被试的社会适应状况显著好于无关键性个体保护性因素的被试的相应状况。

5　讨论

5.1　犯罪未成年人和普通中学生的情绪智力和社会问题解决能力的差异比较

按照问题行为程度分组，分析被试的情绪智力和社会问题解决能力差异的状况，不同问题行为程度的被试的情绪智力和社会问题解决能力差异显著。总体而言，普通低问题行为组依次显著好于普通高问题行为组和犯罪群体组，这表明较大部分的犯罪未成年人和高问题行为组的被试的情绪调节和控制的能力较差，易激惹，他们不能较好地运用问题解决的技巧来处理实际问题，应对挑战的时候通常以直接，甚至暴力的方式予以解决。高问题行为组和低问题行为组在各维度上的差异也表明问题行为与情绪智力和社会问题解决能力有较强的关系，问题行为越严重的个体，其情绪智力和社会问题解决能力都相对较差。

值得注意的是，在情绪智力的情绪运用维度以及社会问题解决能力的问题趋近、问题回避、计划制定和支持寻求等维度上，普通高问题行为组与犯罪群体组的得分不存在显著差异，这表明高问题行为对普通中学生而言是非常重要危险性因素，对犯罪有极强的预测力。当然分析发现不同犯罪类型的情绪智力和社会问题解决能力状况不存在显著差异，表明青少年犯罪受到较多因素的影响，犯罪较具偶发性，不同犯罪类型的情绪智力和社会问题解决能力的特异性差异不大。

5.2 情绪智力和社会问题解决能力对社会适应的预测作用

本研究发现，不论是犯罪青少年抑或是普通青少年，情绪智力均能显著预测社会适应状况，而且进一步的研究显示，由于情绪智力的情绪运用是产生或体验情绪以促进认知行为使问题解决、推理、决策和创造性行为更为有效的能力，是情绪智力中利用情绪解决实际问题的高级成分，它与积极社会适应的关系更加密切（金灿灿、邹泓、侯珂，2011）。情绪管理能够更好地预测消极社会适应，因为情绪管理很大程度上与情绪控制和调节能力相联系。低自我控制的人具有冲动性、冒险、简单化倾向、目光短浅和不善于使用语言等特点，他们更容易被短期利益迷惑，产生犯罪行为或越轨行为，而低自我控制可以对所有的犯罪行为进行解释（屈智勇、邹泓、张秋凌，2006）。将本研究结果推而广之，不论是基于情绪智力的能力模型还是特质模型的研究，都发现个体情绪智力与青少年问题行为、犯罪行为和社会适应存在密切关系。首先，儿童情绪智力的缺乏同多种内部问题行为和自身异常相联系（Ciarrochi et al., 2000; Dawda & Hart, 2000; Parker, Taylor, & Bagby, 2001), 也和外部问题行为和犯罪行为有关 (Bar-On, 1997; Trinidad & Johnson, 2002; Petridesa et al., 2004; Winters et al., 2004)。此外, 情绪智力还和社会能力和社会适应状况联系紧密 (Mavroveli et al., 2007; 刘艳、邹泓, 2010; 邹泓等, 2008), 情绪智力和社会适应不良的关系甚至得到了脑机制研究的支持 (Santesso, Reker, Schmidt, & Segalowitz, 2006)。本研究也发现, 相对于普通组, 情绪智力对犯罪组消极社会适应的预测力更大, 这显示出犯罪组的情绪智力与消极社会适应更为密切, 可以考虑通过培养犯罪未成年人的情绪智力降低其消极社会适应。

除了情绪智力与社会适应存在紧密关系外, 另一项重要的个体社会能力——社会问题解决能力对犯罪未成年人的社会适应也有重要影响。本研究发现, 社会问题解决能力可显著正向预测积极的社会适应, 负向预测消极的社会适应。在个体与自身、他人、环境相互作用的过程中, 社会问题解决能力作为一种实践能力起着非常重要的作用。本研究中所涉及的社会问题解决能力包括问题趋近、问题回避、计划制定、人际沟通和支持寻求五个维度, 其中问题趋近和问题回避反映的是个体对于生活中所出现问题的定位以及对自身解决问题能力的判断, 在社会问题解决过程中是一种动力因素, 而计划制定、人际沟通、支持寻求考察的是个体在解决日常问题过程中所需要的核心技能。在解决问题的过程中, 各要素共同发挥作用, 保证问题的有效解决, 促使个体形成良好的社会适应。

社会问题解决各因素发挥的作用可能有所差别。有研究者将社会问题解决能力分为问题取向和问题解决技能两个方面, 问题取向是在日常生活中, 个体面对社会问题时所产生的认知、情绪、行为倾向, 它是个体解决问题的动力性因素, 推动问题解决的进展 (D'Zurilla & Nezu,

1999b)。即是说，积极的问题定位会使得问题得以合理解决，得到积极正面的结果，而消极的问题取向会使个体倾向于采用回避或者冲动马虎的问题解决方式，其结果也是负面消极的。研究者以香港青少年为被试，探讨了社会问题解决与家庭幸福感的关系，发现积极社会问题取向与香港青少年的家庭幸福感呈显著正相关，与其家庭冲突呈显著负相关，而问题解决方式并不能显著预测家庭幸福感（Siu & Shek, 2005）。由此可见，在社会问题解决能力中各维度作用于社会适应时，他们所发挥的作用并不一样，社会问题解决能力的态度作为社会问题解决的动力因素，起着更为关键的作用。因此，应该从培养犯罪未成年人积极乐观的心态入手，相信他们自己的问题解决的能力，并让其进一步动手解决问题，才可能真正提高犯罪未成年人的适应状况。本研究也发现，相对于普通组，社会问题解决能力对犯罪组消极社会适应有更强的预测力，表明社会问题解决能力可以较好地降低消极社会适应状况，再次明确了社会问题解决能力对犯罪未成年人的重要性和必要性。

当然，情绪智力和社会问题解决技能也可能共同作用于犯罪青少年的社会适应。社会问题解决技能在情绪智力对犯罪青少年的积极和消极社会适应的预测中基本上都起到部分中介的作用。对于个体而言，调控和运用情绪的能力越高，越可能拥有较高的社会问题解决技能，越可能技巧性地解决社会问题，获得和谐的人际关系，积极应对环境的变化，成为社会适应良好的个体。相对于普通中学生，犯罪未成年人的社会问题解决技能可以同时中介情绪智力对积极和消极社会适应的作用。这突出表明社会问题技能可以从提升良好适应，降低消极适应两种途径来提升犯罪未成年人的适应能力。欠缺社会问题解决技能是未成年人沦入犯罪的重要原因，社会问题解决技能不足阻碍和抑制了犯罪未成年个体的社会适应的程度，而情绪智力也可能通过社会问题解决技能对社会适应存在预测作用，对犯罪青少年社会问题解决技能的培训和干预更可能拯救犯罪未成年人，改善他们的适应状况，而且为出狱后正常生活提供基本条件。

5.3 个体保护性因素和危险性因素对犯罪未成年人社会适应的影响

个体保护性因素数目随着积极社会适应变化的趋势表明，个体保护性因素数目越多，个体的积极社会适应质量越高。在不考虑危险性因素的情况下，个体保护性因素直接促进了个体积极社会适应状况，两者呈现出线性关系。个体保护性因素数目随着消极社会适应变化的趋势表明，个体消极社会适应基本随着保护性因素数目的增多而下降，但数目的中间阶段（三四个因素）出现一些波动，结合其满足的三次曲线来看，前半段曲线的变化率逐渐减小，后半段曲线的变化率逐渐增大。这很可能是实际生活中保护性因素和危险性因素存在此消彼长的关系：保护性因素较少时，危险性因素可能较多。由于危险性因素与消极社会适应关系极为密切，保护性因素的数目抑制消极社会适应的作用不明显。保护性因素较多时，危险性因素也迅速减少，此时对消极社会适应的抑制作用更容易体现。而3—4个保护性因素正是这一变化发生的临界点。

本研究也证明了存在关键的个体保护性因素，积极社会适应的关键保护性因素是情绪运用和问题趋近，消极社会适应的关键保护性因素是问题趋近。对实际社会问题持有积极解决的态度对于犯罪未成年人社会适应而言非常关键，这提示我们培养未成年犯的情绪技能和技巧，促进其积极解决实际问题的态度非常有助于他们社会适应的改善和提升。

6 小结

（1）总体而言，犯罪未成年人的情绪智力和社会问题解决能力显著差于普通中学生，其中犯罪组的情绪理解、情绪管理和人际沟通维度的得分依次显著低于普通高问题行为组和低问题行为组。在情绪运用、问题趋近、问题回避、计划制定和支持寻求等社会问题解决维度上，低问题行为组显著好于高问题行为组和犯罪组，但高问题行为组和犯罪组并无差异。

（2）对于犯罪未成年人和普通中学生而言，情绪智力均能显著正向预测积极社会适应，显著负向预测消极社会适应。社会问题解决能力均能显著正向预测积极社会适应，显著负向预测消极社会适应状况。社会问题解决技能基本上在情绪智力对犯罪未成年人和普通中学生的积极和消极社会适应的预测中起到部分中介的作用。

（3）个体保护性因素的叠加对于积极社会适应作用符合线性模型。总体而言，个体保护性因素降低了消极社会适应，具体来说，个体保护性因素数目小于 4 个时，变化率逐渐减小；大于 4 个时，变化率逐渐增大。积极社会适应的关键个体保护性因素是情绪运用和问题趋近，消极社会适应的关键个体保护性因素是问题趋近。

第五章　家庭环境对犯罪未成年人社会适应的影响

本章分析了家庭环境因素对犯罪未成年人社会适应的影响。首先描述了犯罪未成年人的父母职业、父母受教育状况、家庭收入、家庭结构等家庭基本状况的特点，然后以父母社会支持、父母教养行为、亲子冲突代表亲子关系，以父母亲密、父母冲突代表父母关系，以总体家庭功能代表总体家庭氛围，分析了犯罪未成年人的这（三类）六个家庭变量的基本状况特点。随后综合了家庭环境的部分指标，探讨了其对犯罪未成年人社会适应的影响，并从保护性因素和危险性因素角度分析了家庭因素对犯罪未成年人社会适应的（累积）作用。

1　研究目的

（1）比较犯罪未成年人和普通中学生的家庭环境（父母职业、父母受教育程度、家庭年收入、家庭结构、亲子关系、父母关系、家庭功能）状况。

（2）考察犯罪未成年人和普通中学生的家庭环境对社会适应的影响。

（3）检验家庭保护性和危险性因素影响犯罪未成年人社会适应的理论模型。

2 研究假设

(1) 犯罪未成年人的父母职业声望、父母受教育程度和家庭收入显著差于普通中学生，家庭结构更为复杂，犯罪未成年人的亲子关系、父母关系和家庭功能比普通中学生为差。

(2) 犯罪未成年人和普通中学生的家庭环境均能显著预测社会适应状况。

(3) 随着家庭保护性因素的增多，犯罪未成年人社会适应状况升高；随着家庭危险性因素的增多，犯罪未成年人社会适应状况降低；存在影响社会适应的关键的家庭保护性和危险性因素。

3 研究方法

3.1 被试

犯罪群体被试同第三章的犯罪未成年人被试。普通中学生来自云南省昆明市、陕西省西安市、广东省广州市、北京市和上海市，选取重点和非重点学校的初一、初二、高一和高二四个年级的学生，普通未成年人为345人，均为男性。

3.2 研究工具

(1) 父母社会支持问卷：采用Furman等人(1992)编制、邹泓(2003)修订的社会关系网络问卷，包括工具性支持、情感支持、陪伴娱乐性支持、亲密感、价值增进、对关系的满意度和冲突与惩罚 8 个维度，34 个题目。本研究修订后采用其中的肯定价值、陪伴支持、情感支持和工具性支持 4 个维度，共 17 个题目。采用 5 点计分，从"完全不符合"到"完全符合"，分别记 1—5 分。各维度 Cronbach α 系数在 0.73—0.85 之间。验证性因素分析表明，$RMSEA = 0.08$，$NFI = 0.98$，$CFI = 0.98$，$NNFI = 0.98$，$GFI = 0.91$。

（2）父母教养行为问卷：采用 Leeuwen 等（2004）编制、向小平（2006）翻译修订的"根特教养方式量表（Ghent Parental Behavior Scale，GPBS）。原问卷采用 5 级计分，从"完全不符合"到"完全符合"，分别记 1—5 分，共 41 个题目，分为 8 个维度，分别是：积极教养、父母监控、规则教育、约束、教养不一致、严厉惩罚、忽视、物质奖励。本研究进行了再次修订，选取比较典型的五种父母教养行为：陪伴与支持、管束与责罚、规则、忽视和强化。其中，陪伴与支持指父母亲陪伴和鼓励等积极的教养行为，如"我遇到困难时，父母会与我一起寻求解决的办法"；管束与责罚指父母亲严厉、惩罚或批评行为，如"我做错事时，父母会严厉批评我"；规则是指对各种行事规则、规范和习惯等的教育和培养，如"父母教育我遵守社会规范非常重要"；忽视是指对不适当行为采取的不理会或冷漠的行为，如"我做了父母不允许的事情后，父母会一直不跟我说话，直到我承认错误"；强化是指完成父母期望的行为后给予的支持和奖励，如"当我主动帮父母做事情（如家务活等）时，父母会表扬我"。问卷采用 5 级记分，从"完全不符合"到"完全符合"分别记作 1—5 分，共 25 个题目。问卷各维度间呈中等以下相关。各维度的 Cronbach α 系数分别为 0.83—0.87 之间。验证性因素分析表明，$RMSEA = 0.08$，$NFI = 0.95$，$CFI = 0.96$，$NNFI = 0.95$，$GFI = 0.89$。

（3）亲子冲突问卷：选取方晓义等人（1998）编制的亲子冲突问卷中的部分题目，测量了学业、家务、朋友关系等共9个方面的冲突。采用是（1）否（0）计分，各项目得分相加得到亲子冲突总分，在0—9分之间。得分越高，表示亲子冲突的范围越广泛。

（4）父母亲密问卷：自编问卷，考察青少年感知的父母亲密关系程度，由"父母亲之间相互关心对方"、"父母亲之间能够相互理解"、"父母亲之间有共同的兴趣和爱好"、"父母一方在讲话时，另外一方总会认真倾听"、"父母之间的婚姻关系很稳定"等5个题目构成。采用5级计分，从"完全不符合"到"完全符合"分别记作1—5分。本研究中该问卷的 Cronbach's α 系数为 0.91。采用5个题目的平均分作为父母亲密的指标。

（5）父母冲突问卷：选取池莉萍等人（2005）修订的"儿童对婚姻冲突的感知量表"（Children's Perception of Interparental Conflict Scale，简称CPIC量表）中的部分题目，测查青少年感知到的父母冲突频率和强度，各5个项目，采用5级计分，用1—5分表示"从不这样"到"总是这样"或"完全不符合"到"完全符合"。父母冲突频率问卷的 Cronbach's α 系数为 0.92，父母冲突强度问卷的 Cronbach's α 系数为 0.89。得分越高，表示父母之间的冲突越多。

（6）总体家庭功能问卷：以家庭功能量表（FAD）（汪向东、王希林、马弘，1999）的总的功能维度为基础编制，考察家庭成员对家庭总体的满意、亲密、承诺、开放表达、问题解决等总体评价。如，"家人能相互表达自己的感受"、"家人对彼此都非常满意"、"我的家是和睦的"、"家中每个人都为家庭作出了自己的贡献"、"我的家非常温馨"、"当遇到问题时，我们能够互相依靠，共渡难关"等6个题目构成。采用5级计分，从"完全不符合"到"完全符合"，分别记1—5分，分数越高,家庭整体氛围就越好。本研究中该问卷的 Cronbach α 系数为0.92。

(7) 基本情况调查:家庭社会经济地位,3题,涉及父母职业、父母受教育程度和家庭富裕程度;家庭结构,1题,包括单亲家庭还是双亲家庭,独生子女家庭还是非独生子女家庭,核心家庭还是多代家庭。

3.3 研究程序

同第三章的研究程序。

4 结果分析

4.1 犯罪未成年人与普通中学生家庭环境的比较

4.1.1 犯罪未成年人与普通中学生的家庭基本状况

表5-4-1 犯罪未成年人和普通中学生的父母亲职业状况分布

	犯罪				普通			
	母亲		父亲		母亲		父亲	
	n	%	n	%	n	%	n	%
工人及其他职业(农林渔牧、生产、运输设备操作人员、没有工作或待业在家)	298	68.0	268	61.6	100	33.2	67	22.4
中层职业(办事人员或职员、商业、服务业人员、个体经营者)	116	26.5	131	30.1	116	38.5	122	40.8

续表

	犯罪				普通			
	母亲		父亲		母亲		父亲	
	n	%	n	%	n	%	n	%
管理岗位（国家公务员、企事业单位中层管理人员、专业技术人员、军人）	24	5.5	36	8.3	85	28.2	110	36.8
总计	438	100.0	435	100.0	301	100.0	299	100.0

犯罪未成年人的父母多为农林牧渔、生产、运输设备操作人员、没有工作或待业在家，分别占到全部职业种类的61.6%和68.0%。普通中学生父母对应职业比例只有22.4%和33.2%。普通中学生的父母的职业分布相对均衡，相对于犯罪未成年人，其父母在中层职业和管理岗位的比例均较大（见表5-4-1）。

表5-4-2 犯罪未成年人和普通中学生的父母受教育状况分布

	犯罪				普通			
	母亲		父亲		母亲		父亲	
	n	%	n	%	n	%	n	%
初中及其以下	500	95.4	461	87.6	196	57.8	156	46.4
高中或中专/职高/技校	23	4.4	56	10.6	67	19.8	101	30.1
大学及其以上	1	0.2	9	1.7	76	22.4	79	23.5
总计	524	100.0	526	100.0	339	100.0	336	100.0

普通未成年人的父母的受教育程度更可能在高中及以上（53.6%和42.2%），犯罪未成年人父母的受教育程度相对较低，高中以上受教育程度的父母只占总数的12.4%和4.6%（见表5-4-2）。

表 5-4-3　犯罪未成年人和普通中学生的家庭年收入分布

	犯罪		正常	
	n	%	n	%
3 万元以下（包括享受低保）	345	79.3	175	52.6
3—10 万元	70	16.1	98	29.4
10 万元以上	20	4.6	60	18.0
总计	435	100.0	333	100.0

对于两类未成年人的家庭年收入分析发现，犯罪群体家庭年收入 3 万元以下的比例为 79.3%，年收入 3—10 万的比例为 16.1%，年收入 10 万元以上的比例为 4.6%；正常群体家庭年收入 3 万元以下的比例为 52.6%，年收入 3—10 万的比例为 29.4%，年收入 10 万元以上的比例为 18.0%（见表 5-4-3）。

本研究将父母职业、父母受教育程度、家庭年收入 3 个指标合成家庭社会经济地位指数。其中，父母职业赋值为：1"工人及其他职业"（包括农林渔牧、生产、运输设备操作人员、没有工作或待业在家），2"中层职业"（包括办事人员或职员、商业、服务业人员、个体经营者），3"管理岗位"（国家公务员、企事业单位中层管理人员、专业技术人员、军人）；父母受教育程度赋值为：1"低学历"（包括初中及以下），2"中等学历"（包括高中、中专、职高及技校），3"高学历"（包括大学及以上学历）；家庭年收入赋值为：1"低收入"（包括年收入 1 万元以下）；2"中等收入"（年收入 3—10 万）；3"高收入"（年收入 10 万元以上）。其中父母职业和父母受教育程度取父母双方的最大值，三类指数相加即为家庭社会经济地位指数，所以家庭社会经济地位指数取值范围为 3—9。

表5-4-4 犯罪未成年人和普通中学生的家庭年收入分布

家庭社会经济地位指数	犯罪		正常	
	n	%	n	%
3	145	45.7	28	10.2
4	79	24.9	46	16.7
5	54	17.0	53	19.3
6	32	10.1	42	15.3
7	4	1.3	50	18.2
8	3	0.9	35	12.7
9	0	0	21	7.6
总计	317	100.0	275	100.0

对于犯罪未成年人和普通中学生的家庭社会经济地位指数得分的分析发现,处于3—5分之间犯罪未成年人占其总数的87.7%,表明绝大多数犯罪未成年人家庭处于较低社会经济地位水平,而普通中学生的分数则相对较高,处于6—9分之间的被试约占其总数的53.8%,在3—5分间的被试只占其总数的46.2%(见表5-4-4)。独立样本T检验发现,普通中学生的家庭社会经济地位指数显著高于犯罪未成年人,其中$M_{犯罪}=3.99$,$SD_{犯罪}=1.14$,$M_{正常}=5.83$,$SD_{正常}=1.77$,$t=-15.23$,$p<0.001$。

对于犯罪未成年人和普通中学生的家庭结构分析发现,普通中学生双亲家庭比例更大,为85.1%,犯罪未成年人的单亲家庭和完全非原生家庭(指与生物学父母均不在一起生活)比例较大,为31.8%。以家庭结构为自变量,犯罪与否为因变量,进行卡方分析发现,$X^2(2)=36.69$,$p<0.001$。从表5-4-5中可以看到,犯罪群体双亲家庭的人数比例低于期望值,完全非原生家庭的人数比例远高于期望值,普通群体的情况恰好相反。

表 5-4-5　犯罪未成年人和普通中学生的家庭结构分布

		双亲家庭	单亲家庭	完全非原生家庭	总计
犯罪	实际人数 n	348	77	85	510
	实际人数%	68.2	15.1	16.7	100.0
	期望人数 n	381.7	68.1	60.2	510
	期望人数%	74.8	13.4	11.8	100.0
普通	实际人数 n	280	35	14	329
	实际人数%	85.1	10.6	4.3	100.0
	期望人数 n	246.3	43.9	38.8	329
	期望人数%	74.9	13.3	11.8	100.0

4.1.2　犯罪未成年人和普通中学生的亲子关系比较

以被试类型（犯罪组和普通组）为自变量，父母教养行为各维度为因变量，控制年龄、父母最高受教育程度、感知到的生活水平，进行多元方差分析，发现年龄主效应显著，$F(5, 874) = 6.88$，$p < 0.001$，父母最高受教育程度的主效应不显著，$F(5, 874) = 0.15$，$p > 0.05$，感知到的生活水平的主效应显著，$F(5, 874) = 3.16$，$p < 0.01$，被试类型的主效应显著，$F(5, 874) = 13.13$，$p < 0.001$。进一步对父母教养行为各维度分析发现，除强化维度外，普通组和犯罪组在其余维度上的得分均存在显著差异，其中普通组的陪伴与支持、规则两维度得分显著高于犯罪组，普通组的管束与责罚、忽视两维度得分显著低于犯罪组（见表 5-4-6）。

表 5-4-6 犯罪未成年人和普通中学生的亲子关系各指标平均分比较

		父母教养行为					父母社会支持			亲子冲突频率
		陪伴与支持	管束与责罚	规则	忽视	强化	肯定价值	工具性支持	情感支持	陪伴支持	
犯罪组($n=539$, 527, 537)	M	2.74	3.19	3.72	2.30	3.18	3.09	3.29	3.27	3.23	4.05
	SD	0.91	0.81	0.85	0.97	0.85	0.85	0.89	0.95	0.92	2.20
普通组($n=344$, 339, 342)	M	3.17	2.96	4.14	2.22	3.36	3.67	3.61	3.64	3.71	3.14
	SD	0.94	0.94	0.83	1.01	0.84	0.92	0.96	1.01	0.96	2.44
F (1, 878) (1, 861) (1, 874)		17.75***	32.66***	27.43***	7.70**	3.71	31.23***	4.54*	7.04**	20.58***	7.67**

注：$*p<0.05$　$**p<0.01$　$***p<0.001$。由于抽样和题量限制，犯罪组被试参与了所有的调查，普通组只有344名被试参与家庭环境的调查，下同。

以被试类型为自变量，父母社会支持各维度为因变量，控制年龄、父母最高受教育程度、感知到的生活水平，进行多元方差分析，发现年龄主效应不显著，$F(4,858)=0.93$，$p>0.05$；父母最高受教育程度主效应显著，$F(4,858)=3.82$，$p<0.01$；感知到的生活水平不显著，$F(4,858)=0.63$，$p>0.05$；被试类型的主效应显著，$F(4,858)=11.68$，$p<0.001$。进一步对父母社会支持各维度分析发现，普通组和犯罪组所有维度上均存在差异，普通组的得分均显著高于犯罪组（见表5-4-6）。

以被试类型为自变量，亲子冲突频率为因变量，控制年龄、父母最高受教育程度、感知到的生活水平，进行多元方差分析，发现年龄的主效应显著，$F(1,874)=4.02$，$p<0.05$；父母最高受教育程度的主效应不显著，$F(1,874)=0.60$，$p>0.05$；感知到的生活水平的主效应不显著，$F(1,874)=0.39$，$p>0.05$；被试类型的主效应显著，犯罪组的亲子冲突频率得分显著高于普通组（见表5-4-6）。

4.1.3 犯罪未成年人和普通中学生的父母关系、家庭功能比较

以被试类型为自变量，父母亲密为因变量，控制年龄、父母最高受教育程度、感知到的生活水平，进行多元方差分析，发现年龄的主效应不显著，$F(1,871)=0.64$，$p>0.05$；父母最高受教育程度的主效应不显著，$F(1,871)=0.58$，$p>0.05$；感知到的生活水平的主效应显著，$F(1,871)=4.42$，$p<0.05$；被试类型主效应显著，普通组的父母亲密得分显著高于犯罪组（见表5-4-7）。

以被试类型为自变量，父母冲突为因变量，控制年龄、父母最高受教育程度、感知到的生活水平，进行多元方差分析，发现年龄的主效应不显著，$F(2,869)=0.04$，$p>0.05$；父母最高受教育程度的主效

应不显著，$F(2, 869) = 0.22$，$p > 0.05$；感知到的生活水平的主效应不显著，$F(2, 869) = 2.69$，$p > 0.05$；被试类型的主效应显著，$F(2, 869) = 11.25$，$p < 0.001$。对两维度进一步分析发现，犯罪组和普通组在所有维度上均存在差异，犯罪组父母冲突频率和强度得分均高于普通组（见表5-4-7）。

以被试类型为自变量，总体家庭功能为因变量，控制年龄、父母最高受教育程度、感知到的生活水平，进行多元方差分析，发现年龄的主效应不显著，$F(1, 877) = 3.40$，$p > 0.05$；父母最高受教育程度的主效应不显著，$F(1, 877) = 0.04$，$p > 0.05$；感知到的生活水平的主效应不显著，$F(1, 877) = 0.74$，$p > 0.05$；被试类型的主效应显著，普通组的总体家庭功能的得分显著高于犯罪组（见表5-4-7）。

表5-4-7 犯罪未成年人和普通中学生的父母亲密、冲突和家庭功能的平均分比较

		父母亲密	父母冲突频率	父母冲突强度	总体家庭功能
犯罪组（$n=536$, 536, 540）	M	3.39	2.66	2.58	3.36
	SD	0.98	0.94	1.09	0.92
普通组（$n=340$, 339, 342）	M	3.84	2.22	2.01	3.86
	SD	0.93	0.95	1.05	0.98
F (1, 871) (1, 870) (1, 877)		25.91***	17.22***	21.72***	39.17***

*$p < 0.05$　**$p < 0.01$　***$p < 0.001$

4.1.4 亲子关系、父母关系与总体家庭功能的相关

表 5-4-8 亲子关系、父母关系与总体家庭功能的相关分析

	父母教养行为					父母社会支持				亲子冲突	父母亲密	父母冲突	
	陪伴与支持	管束与责罚	规则	忽视	强化	肯定价值	工具性支持	情感支持	陪伴支持			冲突频率	冲突强度
犯罪	0.53**	-0.12**	0.50**	-0.08	0.42**	0.46**	0.51**	0.55**	0.51**	-0.12**	0.55**	-0.33**	-0.27**
普通	0.53**	-0.16**	0.55**	-0.08	0.41**	0.66**	0.66**	0.67**	0.67**	-0.35**	0.66**	-0.42**	-0.31**

*$p<0.05$ **$p<0.01$ ***$p<0.001$

将亲子关系、父母关系各指标与总体家庭功能作 Pearson 相关，发现除父母教养行为的忽视维度与总体家庭功能相关不显著外，其余维度与总体家庭功能存在显著相关，而且陪伴与支持、规则、工具性支持、情感支持、陪伴支持和父母亲密等维度与总体家庭功能的相关较强，相关系数均在 0.50 以上（见表 5-4-8），这些高相关表明，亲子关系和父母关系代表了家庭功能的重要方面。亲子和父母关系构建成稳固的三角形，有利于家庭功能的良好的发挥。同样，这也显示出亲子关系、父母关系和家庭功能能够作为家庭心理环境的三方面进入下一步分析。

4.2 家庭环境对犯罪未成年人社会适应的预测

以年龄为第一层，家庭环境各指标为第二层，对积极和消极社会适应作回归分析发现，对于犯罪组的积极社会适应的最终模型而言，第一层中，$\triangle R^2 = 0.01$，$\triangle F = 1.51$，第二层中，$\triangle R^2 = 0.23$，$\triangle F =$

11.43***,其中保护性父母教养行为①、父母亲密和总体家庭功能显著正向预测积极社会适应;对于犯罪组的消极社会适应的最终模型而言,第一层中,$\triangle R^2=0.02$,$\triangle F=5.06^*$,第二层中,$\triangle R^2=0.16$,$\triangle F=7.18^{***}$,其中危险性教养行为显著正向预测消极社会适应,保护性教养行为显著负向预测消极社会适应;对于正常组的积极社会适应的最终模型而言,第一层中,$\triangle R^2=0.01$,$\triangle F=0.01$,第二层中,$\triangle R^2=0.33$,$\triangle F=16.20^{***}$,其中保护性教养行为和总体家庭功能显著正向预测积极社会适应,而亲子冲突能显著负向预测积极适应;对于正常组的消极社会适应的最终模型而言,第一层中,$\triangle R^2=0.01$,$\triangle F=0.23$,第二层中,$\triangle R^2=0.17$,$\triangle F=6.48^{***}$,其中亲子冲突、父母冲突显著正向预测消极社会适应,父母社会支持显著负向预测消极社会适应(见表5-4-9)。

---

① 按照保护性因素和危险性因素的定义,将父母教养行为划分为保护性父母教养行为和危险性教养行为,其中保护性父母教养行为由陪伴与支持、规则和强化三个正向维度平均分数得到,危险性父母教养行为由管束与责罚和忽视两个负向维度均分得到。按照类似规则,社会问题解决能力也被分成了保护性社会问题解决和危险性社会问题解决。

表5-4-9 犯罪未成年人和普通中学生的家庭环境对积极和消极社会适应回归分析

	犯罪				正常			
	积极适应		消极适应		积极适应		消极适应	
	β	t	β	t	β	t	β	t
家庭社会经济地位	-0.07	-1.33	0.10	1.80	-0.02	-0.37	0.02	0.27
保护性父母教养行为	0.26	3.24***	-0.25	-3.06**	0.20	2.75**	0.00	-0.04
危险性父母教养行为	-0.01	-0.18	0.12	2.04*	-0.03	-0.56	0.12	1.87
父母社会支持[a]	0.04	0.44	0.05	0.55	0.11	1.25	-0.22	-2.29*
亲子冲突	-0.02	-0.41	0.09	1.55	-0.20	-3.64***	0.13	2.09*
父母亲密	0.14	2.22*	-0.12	-1.77	-0.10	-1.39	0.11	1.27
父母冲突[b]	0.05	0.86	0.10	1.52	0.03	0.41	0.18	2.68**
总体家庭功能	0.16	2.29*	0.00	0.05	0.32	4.03***	-0.04	-0.40

注:* $p<0.05$ ** $p<0.01$ *** $p<0.001$。a 父母社会支持的分数是由父母社会支持各维度的总平均分计算得到;b 父母冲突的分数是由父母冲突问卷两维度的总平均分计算得到。

4.3 家庭保护性和危险性因素影响犯罪未成年人社会适应的理论模型检验

不仅家庭环境的各个方面对犯罪未成年人的社会适应产生影响,家庭保护性因素和危险性因素的数目也会作用于犯罪未成年人的社会适应状况,由此以家庭保护性因素和危险性因素数目(或叫家庭叠加性保护性和危险性因素)为自变量,积极和消极社会适应(标准分)为因变量作折线图(见图5-4-1和图5-4-2)。家庭叠加性保护性因素和危险性因素的计算方法与个体叠加性保护性因素计算方法(见第四章的4.3节)类似。

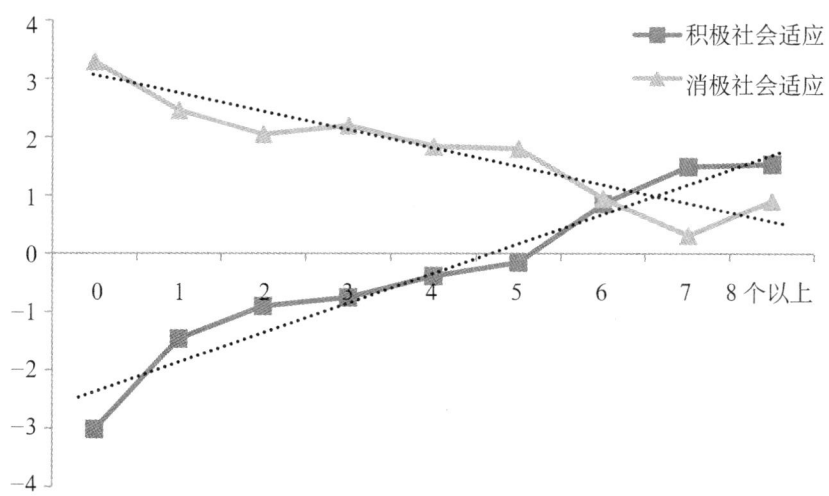

图5-4-1 拥有不同家庭保护性因素数目的犯罪未成年人的社会适应状况

随着家庭保护性因素数量的增加,犯罪未成年人的积极社会适应随之上升,消极社会适应状况随之下降。为进一步确定家庭保护性因素的叠加模型的性质,对回归方程进行曲线拟合估计,发现对于积极社会适应和消极社会适应而言,一次、二次和三次方程的解释率差异不大,一次线性方程足以解释家庭保护性因素数目的作用。从模型的简约性角度

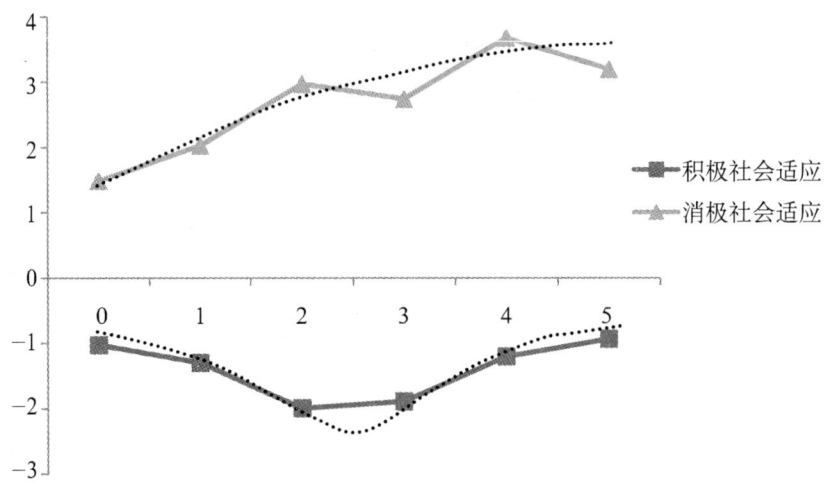

图 5-4-2 拥有不同家庭危险性因素数目的犯罪未成年人的社会适应状况

我们选择一次线性回归方程（见表 5-4-10）。

表 5-4-10 家庭保护性因素数目对社会适应的回归的曲线拟合估计

	曲线方程	R^2	F	$df1/df2$	$b1$	$b2$	$b3$
积极社会适应	一次	0.94	109.60***	1/7	0.52		
	二次	0.95	53.17***	2/6	0.67	-0.02	
	三次	0.96	39.41***	3/5	1.12	-0.17	0.01
消极社会适应	一次	0.87	47.21***	1/7	-0.31		
	二次	0.87	20.94***	2/6	-0.38	0.01	
	三次	0.87	11.64***	3/5	-0.40	0.02	0.00

*$p<0.05$　**$p<0.01$　***$p<0.001$

随着家庭危险性因素数量的增加，犯罪未成年人的积极社会适应状况随之下降，消极社会适应状况随着上升。对回归方程的曲线拟合估计发现，一次方程和二三次方程解释率差异较大，二三次方程解释率基本无差异，从简约性角度最终选择二次方程（见表 5-4-11）。

表 5-4-11　家庭危险性因素数目对社会适应的回归的曲线拟合估计

	曲线方程	R^2	F	$df1/df2$	$b1$	$b2$	$b3$
积极社会适应	一次	0.01	0.04	1/4	0.02		
	二次	0.82	6.79[a]	2/3	-0.71	0.15	
	三次	0.82	3.07	3/2	-0.79	0.19	-0.01
消极社会适应	一次	0.79	14.67*	1/4	0.38		
	二次	0.88	11.47*	2/3	0.84	-0.09	
	三次	0.89	5.51	3/2	0.57	0.05	-0.02

[a] $p<0.1$　*$p<0.05$　**$p<0.01$　***$p<0.001$

为检验因素重要性对社会适应的影响，将家庭保护性和危险性因素分别对积极和消极社会适应进行回归分析，发现家庭保护性因素中的父母教养规则（$\beta=0.20$，$t=3.91^{***}$）和总体家庭功能（$\beta=0.17$，$t=3.25^{***}$）两维度对积极社会适应有较强预测作用，父母教养规则对消极社会适应有较强预测作用，$\beta=-0.19$，$t=-3.39^{***}$。家庭危险性因素中的父母冲突频率对积极社会适应有较强预测作用，$\beta=-0.21$，$t=-3.23^{***}$，亲子冲突频率对消极社会适应有较强预测作用，$\beta=0.10$，$t=2.29^{***}$。这表明相对于其他家庭保护性因素，父母教养规则和总体家庭功能是积极社会适应的关键保护性因素，父母教养规则是消极社会适应关键保护性因素；相对于其他家庭危险性因素，父母冲突频率是积极社会适应关键危险性因素，亲子冲突频率是消极社会适应的关键危险性因素。

为检验关键保护性和危险性因素的作用，将存在关键家庭保护性因素的个体与不存在关键家庭保护性因素的个体的积极和消极社会适应平均分（标准分）进行 T 检验，发现对于积极适应，$M_{存在}=1.08$，$M_{不存在}=-1.59$，$t=4.59^{***}$；对于消极适应，$M_{存在}=0.57$，$M_{不存在}=2.63$，$t=$

－4.84***。这表明有关键家庭保护因素的被试的社会适应状况显著好于无关键家庭保护性因素的被试的相应状况。

将存在关键家庭危险性因素的个体与不存在关键家庭危险性因素的个体的积极和消极社会适应平均分（标准分）进行 T 检验，发现对于积极适应，$M_{存在} = -1.95$，$M_{不存在} = -1.22$，$t = -2.70$***；对于消极适应，$M_{存在} = 2.94$，$M_{不存在} = 2.02$，$t = 3.48$***。这表明有关键家庭危险因素的被试的社会适应状况显著差于无关键家庭危险性因素的被试的相应状况。

5 讨论

5.1 犯罪未成年人的父母社会经济地位和家庭结构特点及其对社会适应的影响

通常而言，犯罪未成年人较多出身于较低的社会阶层（Bartol & Bartol，2005），父母的受教育程度相对较低，更多地从事职业声望较低的工作，本研究也证实了这一结论。尽管如此，本研究也发现，在分析家庭环境对社会适应的预测作用时，家庭社会经济地位不能显著预测犯罪未成年人和普通中学生的社会适应状况，与已有研究结论不太一样，这表明在本研究中，相对而言，家庭心理环境对社会适应的影响更大，当然不可否认的是，在实际生活中家庭社会经济地位仍起着重要的作用。从官方、被害人和犯罪者的自我报告的情况来看，较低的社会经济地位被认为是与未成年人犯罪密切相关的重要变量，而且贫穷更可能进一步影响家长的教养方式。经济窘迫的家庭，没有多余的精力教育和抚养孩子，需要直接而迅速的教育手段，家长常采用专制和胁迫的教养方式，这样极大地强化了孩子的问题行为。当然我们也必须看到，虽然低社会经济地位与犯罪之间存在相关,但它并不一定导致犯罪。许多低收入家庭的成员都是守法公民,高社会阶层的儿童和成人也可能犯罪。按照接种模型的观点,在适度危险的环境中得到锻炼的个体可以获得良好的社会适应,从这一角度来看,低收入家庭的未成年人存在受到不利社会经济地位的接种和硬化的可能性,同样能够正常发展。其实,更加值得重视的是,现阶段干预和阻断不同社会经济地位未成年人犯罪是存在差别的。低社会阶层的孩子更容易成为执法机关的目标,也更容易被纳入到司法体制中,而正是司法体制强制执行或者入狱后犯人之间的消极的相互作用可能促使他们更多地犯罪。而中上层阶级的孩子出现问题,较可能通过体制外的非正式方式加以处理,如给予法律援助,由父母送到专门的机构矫正其问题行为。那么,怎样建立一套机制,对犯罪未成年人,尤其是贫困阶层的孩子,给予早期的干预以阻断犯罪,是整个社会都需要研究的课题。

相对于普通中学生,犯罪未成年人较多地来自于单亲家庭和完全非原生家庭,本研究的这一结果得到了其他相关研究的佐证,单亲家庭的青少年犯罪行为更为普遍(Bartol & Bartol,2005)。当然,导致单亲家庭的原因有很多,可能是父母离异、分居、遗弃、父母一方死亡,也可能是领养小孩或未婚生子,而不同的分离方式对家庭影响并不相同。有意思的是,与那些矛盾不断的"完整"家庭的孩子相比,远离矛盾的单亲孩子相对来说有更少的违法行为(Bartol & Bartol,2005)。另一个影响犯罪的家庭因素是家庭成员的"互动过程",如长辈与孩子的依恋、沟通以及情感支持等。这很可能是完全非原生家庭孩子的犯罪行为的肇因:父母都不在身边的孩子可能比单亲家庭的孩子得到更少的关心和照顾,与长辈的互动不畅,更可能遭受虐待,使得他们感觉到自己被抛弃了,是多余的,从而消极看待外界环境,很可能以一种报复和破罐子破摔的态度对待社会其他成员。

5.2 犯罪未成年人和普通中学生的亲子关系、父母关系和家庭功能比较

研究发现,良好的亲子关系、父母婚姻关系和家庭功能与青少年的违法犯罪紧密相关。亲子关系与青少年的犯罪行为最为密切。首先是父母教养方式,不一致或严厉的体罚比教养方式一致、给孩子讲道理更可能导致违法犯罪的发生。早期研究表明,违法犯罪的青少年经常抱怨父母的不公平和实施处罚的不客观,而没有犯罪行为的青少年很少有此抱怨。不一致的教养方式导致不一致的强化。孩子的暴力行为,这次可能被父母忽视,下一次却可能遭到严惩,而一些社会期许行为也可能在家庭中得不到强化。惩罚可能出于父母的一时冲动,或受当时的情绪影响,而不是根据儿童作出的特定行为来作客观评定。

当然对孩子的体罚和严厉管束也可能成问题,因为当他们遭受挫折和感到失望时极易模仿这种行为。尽管严厉的体罚在短期内能规范儿童的行为,但从长期来说,它增加了儿童实施暴力行为和犯罪行为的可能性。在体罚和严重伤害成风的攻击性家庭中暴力和攻击行为模式至少会持续三代。

父母给予的社会支持的缺乏也是青少年违法犯罪的重要因素,情感支持的缺乏和情感漠视比体罚对违法犯罪的影响更大(Brown,1984)。母亲(或者双亲的)的温暖或者父母构建的舒适环境都会对儿童产生长期积极的影响。养育假设认为如果父母把大量的关注、情感投入和正向的行为管理整合在一起,就能培育出适应社会、心理健康、能抵制反社会影响的孩子(Bartol & Bartol,2005)。

虽然亲子关系被视为青少年犯罪和社会适应的重要影响因素,然而

未成年人在家庭中的经验并不限于其与父母的互动,他们的社会化通过参与其他的双向子系统(父—母)的互动或参与三角关系中而得以塑造。相当多的证据表明,婚姻质量关系到未成年人短期应对和长期适应。糟糕的婚姻关系可能损害儿童的适应状况,处于这种情况下的儿童很可能出现反社会问题,认知情绪变化无常并容易产生较强的生理反应(Grych & Fincham, 2001),暴露于父母婚姻冲突中的未成年人通常社会能力较差,适应问题更多(Cummings & Davies, 1994)。

家庭溢出假说认为,在家庭一个子系统的心情或行为会迁移到另一子系统(如从婚姻系统到亲子系统)。一些元分析的结果充分表明,要缓冲婚姻冲突与不和对儿童不良影响是相当困难的。具体而言,不少研究发现,父亲而非母亲对婚姻不和与不满的报告,与父母对儿童提供问题解决的努力之间有显著相关。若婚姻关系恶化,男性会成为更消极和更蛮横的父亲,母亲受到的影响则相对较小。男性在三边家庭过程方面缺乏参与,在遇到婚姻不和谐时男性倾向于退缩,女性倾向于面对和解决。由此,父亲对婚姻冲突的觉知和不满更容易影响家庭关系,进而影响青少年的社会适应状况。

显然,亲子关系、婚姻关系的影响是儿童青少年社会适应过程研究探讨得最多、最深入的几个方面。然而,单独考虑这些分析单元是不够的,因为这样忽视了家庭单元自身也是一个独立且可确认的分析单元(Minuchin, 2002)。在这里,家庭境况和家庭功能和氛围(Moss & Moss, 1981)、对事件反应的"风格"(Reiss, 1989)和分明的"边界"(Boss, 1999)为儿童青少年提供了不尽相同的社会化环境。当然,同时也存在家庭神话、家庭仪式和常规等家庭水平过程能够调控家庭成员尤其是青少年的社会适应和社会化(Damon & Lerner, 2009)。因此可以说,亲子关系和父母关系组成了三角互动关系,在家庭功能的影响下，共同对青少年的社会适应产生影响。在这里，亲子关系是基础，父母关系是必要条件，而家庭功能是催化剂，缺少其中任意一个都可能导致消极的社会适应和引发严重的问题行为，堕向犯罪深渊。

5.3 家庭环境对犯罪未成年人社会适应的预测

已有研究发现，家庭环境能够显著影响未成年人的社会适应，社会适应的过程从某种程度上也可以理解为儿童社会化的过程，其实儿童青少年发展中最重要的一环就是家庭社会化。我们至少可以从两个方面来理解家庭社会化，其一是儿童通过依靠家庭进行社会化过程，其二是家庭承载了年幼个体和父母，与社会交互作用，最终达到与环境和谐共处的整个过程。个体通过家庭最终完成社会适应，家庭环境的各个方面都起到非常重要的作用。

较好的亲子依恋、合适的父母教养方式、高质量的父母支持、良好的父母关系和良好的家庭功能等都可能会促进儿童的社会适应。比如安全型依恋的青少年会比非安全型依恋的个体表现出更为积极的社会适应状况，他们的自尊更高，学业成绩和社会技能更好，较少有抑郁、焦虑和疏离等情绪问题，也较少有对他人的敌意、攻击性行为和社会压力等行为适应问题（Belsky, Garduque, & Hrncir, 1984; Ooi, Ang, Fung, Wong, & Cai, 2006; Rutger, Catrin, & Wim, 2001）。有关父母社会支持的相关研究表明，父母强有力的社会支持能够有效促进孩子的心理健康和学校适应（李文道等, 2003, 2005）。父母支持、鼓励和积极参与都可以促进不同年龄阶段儿童自我概念的积极发展，粗暴的不支持行为则会阻碍儿童自我概念的健康发展（魏运华, 1999）。较多研究表明，危险性的教养方式直接引发青少年社会适应不良和问题行为。青少年感知到的父母的温暖和理解与犯罪行为紧密相关（Palmer，2000）。父母给予孩子支持和理解的教养方式会直接降低他们的不良行为（Palmer & Hollin，2001）。青少年罪犯几乎没有体验到温暖支持的教养方式（罗大华、何为民，2002），他们更多的是感受到父母的拒绝和态度的冷淡，很少能够从父母那里得到关爱（Geismar & Wood，1986）。

父母关系和婚姻质量也会影响子女的行为和社会适应状况。家庭系统理论的观点认为，婚姻子系统的心情或行为会迁移到亲子子系统（Erel & Burman，1995），进而影响到子女的适应状况。不稳定的伴侣关系和伴侣冲突会导致父母对子女的需求不敏感、关爱较少（Klausli & Owen，2009），孩子很容易形成与父母间的不安全依恋，消极的内部工作模式也容易延伸到人际合作和交往领域，对整个社会也同样采取一种消极和抵抗的应对方式。由此，成长于高婚姻冲突的家庭中的青少年，会发展出一系列的问题行为，包括内化问题、外化问题、社会适应问题和认知能力缺陷等（Gottman & Notarius，2000）。不良父母关系是儿童青少年发生行为或适应问题的根源之一。

对于严重问题行为和犯罪未成年人而言，家庭环境同样影响着他们的社会功能的完成。重要的是，犯罪未成年人的家庭环境相对较差，他们糟糕的亲子关系、父母关系或者家庭整体氛围往往阻碍了其社会化的过程，不良社会适应最终导致犯罪行为的发生。

5.4 家庭保护性因素和危险性因素对犯罪未成年人社会适应的影响

本研究发现，随着家庭保护性因素数目的增多，犯罪未成年人的积极社会适应状况变好，消极社会适应状况降低，而且家庭保护性因素对犯罪未成年人积极和消极社会适应状况的影响遵循一元线性方程的形式，更符合叠加效应中线性模型的定义。由此在不考虑危险性因素的情况下，家庭保护性因素相互之间不存在明显的交互作用，即因素间不会相互加强或者减弱对犯罪群体积极和消极社会适应的作用效应。

随着家庭危险性因素数目的增多，犯罪未成年人的积极社会适应状况降低，消极社会适应状况提升，而且家庭危险性因素对犯罪未成年人两种社会适应状况的影响遵循二次方程的形式。对犯罪未成年人消极社会适应状况的作用更符合饱和模型的定义，而对犯罪未成年人积极社会适应状况的作用模式符合 U 型曲线。在小于 2 个或者 3 个累积危险性因素时，危险性因素的数目降低了犯罪未成年人积极社会适应的程度；在大于 3 个累积危险性因素时，危险性因素的数目反而提升了犯罪未成年人积极社会适应的程度；在 5 个左右危险性因素的情况下达到最大值。而按照挑战模型的定义，个体在适当的危险水平处更可能获得最优的结果。这很可能表明是 5 个左右的家庭危险性因素恰好是恰当的危险水平。

本研究也找到了影响社会适应的关键的家庭保护性和危险性因素，父母教养规则和总体家庭功能是积极社会适应的关键家庭保护性因素，父母教养规则是消极社会适应的关键家庭保护性因素。父母冲突频率是积极社会适应的关键家庭危险性因素，亲子冲突频率则是消极社会适应的关键家庭危险因素。这其实表明，父母教养规则行为非常有利于提高犯罪未成年人的社会适应状况，而父母冲突和亲子冲突则极大降低其社会适应状况。因此，父母着力培养孩子的行为规范，促进其养成良好习惯能够非常有效地提升犯罪未成年人的社会适应。现实情况是较多未成年犯的家庭规则模糊，或者没有确立。这是值得家长和教育界深思的问题。和谐的家庭环境会促生良好的适应状况，但是频繁的父母和亲子冲突却是良好社会适应的最大的阻碍因素，父母与子女间的冲突更容易造成消极适应，显然不可取。减轻亲子冲突能够降低消极适应，但也不一定能够获得良好适应，因为父母间的冲突是犯罪未成年人不能获得积极适应的关键因素。由此要获得良好适应，需要从减少亲子和父母冲突两方面同时入手。

因素数量和因素重要性程度与社会适应的关系都表明了家庭保护性因素和危险性因素对犯罪未成年人的积极和消极社会适应有着不同的作用模式。

6 小结

（1）犯罪未成年人家庭年收入3万元以下占79.3%，父母从事一线工作的比例为61.6%/68.0%，父母受教育程度在高中以上的比例占12.4%/4.6%，单亲家庭和完全非原生家庭的比例为31.8%，正常群体对应的比例分别为52.6%、22.4%/33.2%、53.6%/42.2%和14.9%。犯罪未成年人的亲子关系显著差于普通中学生，其中犯罪未成年人的父母教养行为、父母社会支持显著差于普通中学生，犯罪未成年人的亲子冲突频率显著高于普通中学生；犯罪未成年人的父母关系显著差于普通中学生，其中犯罪未成年人的父母亲密程度显著低于普通中学生，犯罪未成年人的父母冲突频率和强度显著高于普通中学生；犯罪未成年人的家庭功能显著差于普通中学生。

（2）总体而言，保护性父母教养行为显著预测犯罪未成年人的积极和消极社会适应以及普通中学生的积极适应，总体家庭功能能显著正向预测犯罪未成年人和普通中学生的积极社会适应。对于犯罪未成年人，危险性父母教养行为能显著正向预测其消极社会适应，父母亲密能显著正向预测其积极社会适应；对于普通中学生，亲子冲突能显著预测其积极和消极社会适应，父母冲突能正向显著预测其消极社会适应。

（3）家庭保护性因素的叠加对于积极和消极社会适应的影响较为符合线性模型，而家庭危险性因素的叠加对于积极社会适应的作用模式符合 U 型曲线。家庭危险性因素的叠加对于消极社会适应的影响较为符合饱和模型。父母教养规则和总体家庭功能是增加积极社会适应的关键家庭保护性因素，父母教养规则是减轻消极社会适应的关键家庭保护性因素。父母冲突频率和亲子冲突频率分别是提升积极适应和降低消极适应的关键家庭危险性因素。

第六章　保护性和危险性因素对犯罪未成年人社会适应的影响

本章从保护性因素和危险性因素及其累积作用的角度关注犯罪未成年人社会适应。首先运用结构方程模型从整体上分析个体和家庭因素对社会适应的共同作用效果，然后将个体和家庭因素按照保护性因素和危险性因素进行划分，形成了家庭危险性因素、家庭保护性因素、个体危险性因素和个体保护性因素四类，考察了家庭危险性因素与个体危险性因素、家庭保护性因素与个体危险性因素、家庭危险性因素与个体保护性因素以及家庭保护性因素与个体保护性因素四种不同组合对犯罪未成年人社会适应的影响，最后从总体上探讨了危险性因素和保护性因素对犯罪未成年人社会适应的影响。

1　研究目的

（1）考察家庭环境、情绪智力和社会问题解决技能对犯罪未成年人社会适应的预测作用。

（2）检验犯罪未成年人的个体、家庭保护性因素和危险性因素作用社会适应的理论模型。

2　研究假设

（1）家庭环境、情绪智力和社会问题解决技能能够共同预测犯罪未成年人社会适应，其中情绪智力和社会问题解决技能在家庭环境对犯罪未成年人社会适应的预测中起中介作用。

（2）家庭和个体的危险性因素共同对社会适应的影响符合危险性因素累积模型。

（3）个体危险性因素和家庭保护性因素共同对社会适应的影响符合保护性因素累积模型。

（4）家庭危险性因素和个体保护性因素共同对社会适应的影响符合保护性因素累积模型。

（5）家庭和个体的保护性因素共同对社会适应的影响符合保护—保护模型。

3　研究方法

3.1　被试

同第三章研究方法中的犯罪未成年人被试。

3.2　研究工具

（1）青少年社会适应状况问卷：同第三章研究工具中的对应问卷。

（2）情绪智力问卷：同第四章研究工具中的对应问卷。

(3) 社会问题解决能力问卷：同第四章研究工具中的对应问卷。

(4) 父母社会支持问卷：同第五章研究工具中的对应问卷。

(5) 父母教养行为问卷：同第五章研究工具中的对应问卷。

(6) 亲子冲突问卷：同第五章研究工具中的对应问卷。

(7) 父母亲密问卷：同第五章研究工具中的对应问卷。

(8) 父母冲突问卷：同第五章研究工具中的对应问卷。

3.3 研究程序

同第三章的研究程序。

4 结果分析

4.1 家庭环境、情绪智力和社会问题解决技能对犯罪未成年人社会适应的预测

建立家庭环境[①]、情绪智力、社会问题解决技能对犯罪未成年人社会适应的预测的结构方程模型（见图 6-4-1），发现，$X^2/df = 4.14$，$GFI = 0.92$，$CFI = 0.91$，$NFI = 0.88$，$NNFI = 0.88$，$RMSEA = 0.08$，符合心理测量学的要求。

家庭环境可显著正向预测情绪智力、社会问题解决技能和积极社

---

① 家庭环境的具体指标过多，为分析方便，进行了简化。父母教养行为分数是父母教养行为问卷各正性维度总分减去负性各维度总分的平均分，父母社会支持由父母支持问卷各维度均分算出，亲子冲突为亲子冲突频率的省略说法，父母冲突由父母冲突频率和父母冲突强度两维度的均分合成，后遇类似情况同样处理。

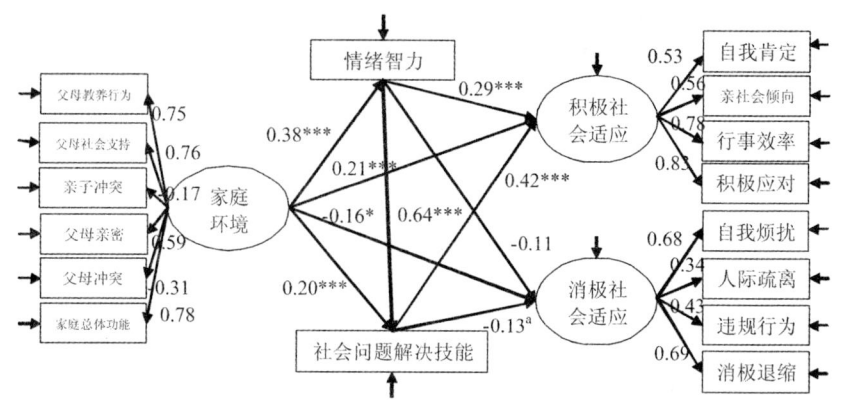

$^*p<0.05$　$^{**}p<0.01$　$^{***}p<0.001$

图 6-4-1　家庭环境、情绪智力和社会问题解决技能对犯罪未成年人社会适应的预测

适应,显著负向预测消极社会适应,情绪智力可显著正向预测社会问题解决技能和积极社会适应,社会问题解决技能显著正向预测积极社会适应,显著负向预测消极社会适应。情绪智力在家庭环境对积极社会适应的预测中起部分中介作用,中介效应值为0.11,占中介总效应值的34.4%[1],但不能中介家庭环境对消极社会适应的预测。社会问题解决技能在家庭环境对积极社会适应和消极社会适应的预测中起部分中介作用,中介效应值为0.08和-0.03,分别占其中介总效应值的28.6%和14.0%。社会问题解决技能在情绪智力对积极社会适应的预测过程中起部分中介作用,中介效应值为0.27,占其中介总效应值的48.1%;社会问题解决技能在情绪智力对消极社会适应预测中起完全中介作用,中介效应值为-0.08,占其中介总效应值的43.1%。

---

[1]　关于中介效应值及中介效应值占中介总效应值比例的计算方法见第四章的4.2.3节。

下面进行的是个体和家庭的危险性因素和保护性因素对社会适应的数个回归分析，以检验危险性因素和保护性因素对社会适应的共同作用机制，现在简要说明检验的原理和过程。采用分层逐步回归，除中介模型的检验外，一般是先进入某类因素，后进入另一类因素，最后进入两者的乘积项。如果进入乘积项后发现增加的解释率（$\Delta R^2/\Delta F$）显著，表明两类因素存在交互作用，则两类因素对社会适应的作用机制符合保护—反应性模型或者保护—保护模型。如果增加的解释率不显著，显示交互作用不显著，则两类因素对社会适应的作用机制符合补偿或者线性模型。

4.2 家庭危险性因素和个体危险性因素对社会适应的影响

以父母最高受教育程度、自己受教育程度、感知到的生活水平、年龄和同伴危险指数[①]等社会人口学变量为第一层，危险性父母教养行为、亲子冲突、父母冲突等家庭危险性因素为第二层，问题回避这一个体危险性因素为第三层，对犯罪未成年人的积极和消极社会适应进行分层回归，检验中介模型，发现对于积极社会适应，在进入第三层后模型的解释率增加了7%，父母冲突对积极社会适应的预测系数显著降低；对于消极社会适应，在进入第三层后模型的解释率增加了25%，危险性父母教养行为、亲子冲突和父母冲突对消极社会适应的预测系数显著降低（见表6-4-1）。问题回避降低了父母冲突对于积极社会适应的

---

① 本研究调查了犯罪未成年人的同伴特点（见附录1中W07题）。对成绩好、参加公益等积极同伴特点赋值为-1，对抽烟、喝酒、与人打架等消极同伴特点赋值为2，将积极同伴特点和消极同伴特点的数值相加，即为同伴危险指数。指数越高，同伴危险性越强。

表6-4-1 个体危险性因素和家庭危险性因素对犯罪未成年人社会适应的回归

步骤	变量	积极社会适应模型			消极社会适应模型		
		β 模型2	β 模型3	$\Delta R^2/\Delta F$	β 模型2	β 模型3	$\Delta R^2/\Delta F$
1	社会人口学变量[a]			0.06/7.05***			0.04/4.78***
2	家庭危险性因素			0.01/2.23			0.05/10.01***
	危险性父母教养行为	0.06	0.08		0.09*	0.03	
	亲子冲突	-0.05	-0.03		0.09*	0.06	
	父母冲突	-0.09*	-0.04		0.14***	0.06	
3	个体危险性因素			0.07/41.95***			0.25/208.61***
	问题回避		-0.27***			0.52***	

* $p<0.05$　** $p<0.01$　*** $p<0.001$
a 由于社会人口学变量不是考察重点，社会人口学变量在各层模型的相关数据均未呈现，下同。

预测力,降低了危险性父母教养行为、亲子冲突和父母冲突对于消极社会适应的预测力。显然,犯罪未成年人的家庭危险性因素与个体危险性因素对社会适应的预测符合中介模型,不符合线性模型定义。

4.3 家庭保护性因素和个体危险性因素对社会适应的影响

为验证家庭保护性因素和个体危险性因素相结合对社会适应的影响是符合直接模型还是交互模型,即我们希望考察的是用补偿模型还是保护—稳定模型,抑或是保护—反应性模型能较好地解释积极和消极社会适应变化,以父母最高受教育程度、自己受教育程度、感知到的生活水平、年龄和同伴危险指数等社会人口学变量为第一层,个体危险性因素问题回避为第二层,保护性父母教养行为、父母社会支持、父母亲密和总体家庭功能等家庭保护性因素为第三层,以家庭保护性因素与个体危险性因素对应的乘积项为第四层,对犯罪未成年人的积极和消极社会适应进行层次回归。在最终的模型4中,保护性父母教养行为、父母亲密、总体家庭功能和保护性父母教养行为×问题回避能显著正向预测积极社会适应,问题回避和父母社会支持×问题回避能显著负向预测积极社会适应;问题回避能显著正向预测消极社会适应,父母亲密和父母亲密×问题回避能显著负向预测消极社会适应。家庭保护性因素和个体危险性因素部分交互项能显著预测积极和消极社会适应(见表6-4-2)。

在加入模型3后,家庭保护性因素对消极社会适应预测的增加解释率无显著变化,$\Delta F_{消极社会适应}=1.21$,$p>0.05$,在加入模型4后,家庭保护性因素×个体危险性因素交互项的解释率也无显著变化,$\Delta F=1.13$,$p>0.05$。这表明家庭保护性因素与个体危险性因素对消极社会适应的预测,既不符合补偿模型也不符合交互模型。在加入模型3后,家庭保护

表 6-4-2 家庭保护性因素和个体危险性因素对犯罪未成年人社会适应的回归

步骤	变量	积极社会适应				消极社会适应			
		β 模型 2	β 模型 3	β 模型 4	$\Delta R^2/\Delta F$	β 模型 2	β 模型 3	β 模型 4	$\Delta R2/\Delta F$
1	社会人口学变量				0.06/7.05***				0.04/4.78***
2	个体危险性因素								
	问题回避	-0.27***	-0.20***	-0.20***	0.07/43.62***	0.55***	0.54***	0.54***	0.29/240.79***
3	家庭保护性因素				0.16/31.55***				0.01/1.21
	保护性父母教养行为		0.19***	0.20***			-0.05	-0.06	
	父母社会支持		0.08	0.08			0.02	0.03	
	父母亲密		0.09*	0.10*			-0.08ª	-0.08ª	
	总体家庭功能		0.14**	0.14**			0.06	0.05	
4	家庭保护性因素×个体危险性因素[b]				0.01/1.38				0.01/1.13
	保护性父母教养行为×问题回避			0.10ª				-0.06	
	父母社会支持×问题回避			-0.12*				0.06	
	父母亲密×问题回避			0.03				-0.11*	

ª p < 0.1 * p < 0.05 ** p < 0.01 *** p < 0.001
[b] 家庭保护性因素与个体危险性因素的乘积项共有 4 项，此处只显示显著预测积极或消极适应的 3 项，下面类似。

性因素对积极社会适应模型增加的解释率有显著变化，$\Delta F = 31.55^{***}$，$p < 0.001$，但在加入模型4后，家庭保护性因素×个体危险性因素交互项的解释率均显著变化，$\Delta F = 1.38$，$p > 0.05$，表明家庭保护性因素与个体危险性因素对犯罪未成年人积极社会适应的影响符合补偿（直接）模型，而不符合交互模型（见表6-4-2）。

4.4 家庭危险性因素和个体保护性因素对社会适应的影响

为验证家庭危险性因素和个体保护性因素相结合对社会适应的影响是符合直接模型还是交互模型，即是用补偿模型还是保护—稳定模型，抑或是保护—反应性模型能较好地解释积极和消极社会适应变化，我们以父母最高受教育程度、自己受教育程度、感知到的生活水平、年龄和同伴危险指数等社会人口学变量为第一层，危险性父母教养行为、亲子冲突和父母冲突等家庭危险性因素为第二层，情绪智力和保护性社会问题解决等个体保护性因素为第三层，以家庭危险性因素与个体保护性因素的乘积项为第四层，对犯罪未成年人积极和消极社会适应进行层次回归，结果发现，对于最终的模型4，情绪智力、保护性社会问题解决和亲子冲突×情绪智力能显著正向预测消极社会适应，父母冲突显著预测负向积极社会适应；危险性父母教养行为、亲子冲突、父母冲突能显著正向预测消极社会适应，保护性社会问题解决能显著负向预测消极社会适应，但情绪智力却正向显著预测了消极社会适应。

在加入模型4后，家庭危险性因素对积极和消极社会适应的预测力无显著变化，但对于积极社会适应模型而言，家庭危险性因素×个体保护性因素交互项的解释率显著增加，$\Delta F = 1.96$，$p < 0.05$，表明家庭危险性因素和个体保护性因素的结合对犯罪未成年人积极社会适应的影响符合保

表 6-4-3 家庭危险性因素和个体保护性因素对犯罪未成年人社会适应的回归分析

步骤	变量	积极社会适应				消极社会适应			
		β 模型 2	β 模型 3	β 模型 4	$\Delta R^2/\Delta F$	β 模型 2	β 模型 3	β 模型 4	$\Delta R^2/\Delta F$
1	社会人口学变量				0.06/7.05***				0.04/4.78***
2	家庭危险性因素				0.01/2.23*				0.05/10.01***
	危险性父母教养行为	0.06	-0.01	-0.01		0.09*	0.08*	0.10*	
	亲子冲突	-0.05	-0.03	-0.04		0.09*	0.08*	0.08[a]	
	父母冲突	-0.09*	-0.08***	-0.08*		0.14***	0.11*	0.10*	
3	个体保护性因素				0.43/241.93***				0.12/42.58***
	情绪智力		0.09*	0.09*			0.31***	0.32***	
	保护性社会问题解决		0.62***	0.62***			-0.41***	-0.43***	
4	家庭危险性因素 × 个体保护性因素				0.01/1.96*				0.01/1.30
	亲子冲突 × 情绪智力			0.09*				0.02	

[a] $p < 0.1$　*$p < 0.05$　**$p < 0.01$　***$p < 0.001$

护—反应性模型；对于消极社会适应模型而言，家庭危险性因素×个体保护性因素交互项的解释率无显著变化，$\Delta F = 1.30$，$p > 0.05$，表明家庭危险性因素与个体保护性因素的结合对犯罪未成年人消极社会适应的影响较符合补偿（直接）模型（见表6-4-3）。

4.5 家庭保护性因素和个体保护性因素对社会适应的影响

为验证家庭保护性因素和个体保护性因素相结合对社会适应的影响是符合线性模型还是保护—保护模型，以父母最高受教育程度、自己受教育程度、感知到的生活水平、年龄和同伴危险指数等社会人口学变量为第一层，情绪智力和保护性问题解决等个体保护性因素为第二层，保护性父母教养行为、父母社会支持、父母亲密和总体家庭功能等家庭保护性因素为第三层，以家庭保护性因素与个体保护性因素的乘积项为第四层，对犯罪未成年人的积极和消极社会适应进行层次回归，对于最终的模型4而言，保护性社会问题解决、总体家庭功能和保护性社会问题解决×父母社会支持正向显著预测积极社会适应，保护性社会问题解决×保护性父母教养行为负向显著预测积极社会适应；保护性社会问题解决、总体家庭功能和保护性社会问题解决×父母社会支持负向显著预测消极社会适应，情绪智力却正向显著预测消极社会适应。

在加入模型3后，家庭保护性因素对积极社会适应预测的解释率变化显著，$\Delta F = 7.95$，$p < 0.001$，家庭保护性因素对消极社会适应预测的解释率变化不显著，$\Delta F = 1.16$，$p > 0.05$，表明总体而言家庭保护性因素不能显著预测消极社会适应。模型4中，个体和家庭保护性因素对积极社会适应的预测力无显著变化，且家庭保护性因素×个体保护性因素交互项的解释率均无显著变化，$\Delta F = 1.28$，$p > 0.05$，表明个体和家庭保护性因素的结合对犯罪未成年人积极社会适应的影响较符合线性模型，个体和家庭保护性因素间并不存在明显的交互作用（见表6-4-4）。

表6-4-4 家庭保护性因素和个体保护性因素对犯罪未成年人社会适应的回归分析

步骤	变量	积极社会适应 β模型2	β模型3	β模型4	$\Delta R^2/\Delta F$	消极社会适应 β模型2	β模型3	β模型4	$\Delta R^2/\Delta F$
1	社会人口学变量				0.06/7.05***				0.04/4.78***
2	个体保护性因素				0.44/240.11***				0.14/45.59***
	情绪智力	0.08*	0.08***	0.07		0.35***	0.35***	0.36***	
	保护性社会问题解决	0.63***	0.55***	0.57***		-0.43***	-0.42***	-0.43***	
3	家庭保护性因素				0.03/7.95***				0.01/1.16
	父母教养行为		0.08	0.07			-0.07	-0.04	
	父母社会支持		-0.01	0.01			0.01	-0.01	
	父母亲密		0.04	0.04			-0.07	-0.07	
	总体家庭功能		0.10*	0.10*			0.09	-0.10ᵃ	
4	家庭保护性因素×个体保护性因素				0.01/1.28				0.02/1.33
	保护性社会问题解决×保护性父母教养行为			-0.09**				0.03	
	保护性社会问题解决×父母社会支持			0.10*				-0.18***	

$* p<0.05$　$** p<0.01$　$*** p<0.001$

4.6 危险性因素和保护性因素指数对社会适应的影响

以父母最高受教育程度、自己受教育程度、感知到的生活水平、年龄和同伴危险指数等社会人口学变量为第一层,危险性因素指数①为第二层,保护性因素指数为第三层,对犯罪未成年人社会适应进行层次回归发现,危险性因素指数×保护性因素指数可正向显著预测积极社会适应,而不能显著预测消极社会适应。总体而言,危险性因素与保护性因素的结合能有效提高对积极社会适应的预测率,而对消极社会适应无明显影响,所以说危险性因素与保护性因素对积极社会适应的预测符合保护—反应性模型,对消极社会适应的预测符合补偿(直接)模型(见表6-4-5)。

表6-4-5 危险性因素指数与保护性因素指数对犯罪未成年人的社会适应的回归

步骤	变量	积极社会适应		消极社会适应	
		β(模型4)	ΔR^2	β(模型4)	ΔR^2
1	社会人口学变量		0.11***		0.17***
2	危险性因素指数	0.01	0.002	0.28***	0.06***
3	保护性因素指数	0.57***	0.29***	-0.25***	0.06***
4	危险性因素指数×保护性因素指数	0.06*	3.84*	0.01	0.01

*$p<0.05$ **$p<0.01$ ***$p<0.001$

---

① 危险性因素和保护性因素指数计算方法见第四章的4.3小节。

5 讨论

5.1 家庭环境、情绪智力和社会问题解决技能对犯罪未成年人社会适应的预测

问题行为理论的观点认为,远端背景变量和近端变量形成相互交织的复杂网络系统共同对问题行为和健康行为产生影响。其实从另一个方面来看,问题行为和健康行为就是社会适应一个方面,而且可以从消极和积极社会适应两种划分来理解问题和健康行为。

由此,本研究采用了问题行为理论的观点,考察了犯罪未成年人的个体情绪智力、社会问题解决能力和家庭环境的特点,揭示了家庭因素和个体因素交互影响及其与社会适应间的复杂关系,说明了各种环境变量、个体变量对于个体心理和行为都具有不同程度的影响作用,并且这些变量之间是交互影响的。

本研究所探讨的个体的情绪智力和社会问题解决能力都与社会能力有着密切的关系,包括遗传、人格、情绪智力和社会问题解决能力在内的个体因素和环境因素的交互效应在青少年犯罪中起着重要的作用。例如遗传和家庭环境的交互作用在儿童青少年反社会人格障碍的形成与发展过程中起着重要的作用。除了父母先天气质的影响外,绝大多数研究发现,儿童期虐待与反社会人格障碍之间存在高相关(叶苑,2007)。

本研究的结果发现,犯罪未成年人社会适应的影响机制正好印证了问题行为理论的观点,家庭各因素既直接显著预测社会适应,又通过个体因素影响犯罪未成年人的社会适应,说明犯罪青少年的社会适应状况既受到家庭因素的影响,又受到个体情绪智力和社会问题解决能力的影响,是外界因素(此处指家庭因素)和个体因素相互作用的结果。研

究中发现父母给予子女的陪伴与支持（父母社会支持和父母教养方式里都包括父母支持这一维度）是一个很重要的变量，当父母由于物质和心理的原因不能有效陪伴子女时，一是子女不易体验到家庭的温暖，二是子女就容易偏离父母的视线，给了不良行为发展的空间，助长了不良行为向违法犯罪行为转变，而父母对于青少年的陪伴与支持、对其活动的监控，以及家庭卷入可能会直接抑制青少年不良社会适应的发生。布朗芬布伦纳的生态理论认为，生物因素和环境因素交互影响着人的发展，发展的个体处在从直接环境（如家庭）到间接环境（如文化）的几个环境系统的中心或嵌套于其中，每一个系统都与其他系统以及个体交互作用，影响着个体发展的许多重要方面。在这个理论中我们可以看出，随着年龄的增长，影响个体行为的因素越来越多，而并非是单独某一个因素在起作用。青少年不良行为的产生是个体变量和环境变量交互作用形成的。

5.2 犯罪未成年人个体、家庭保护性和危险性因素对社会适应的影响

本研究发现，个体和家庭危险性因素相结合对犯罪未成年人社会适应的影响较为符合中介模型，而家庭保护因素和个体危险因素对犯罪未成年人积极社会适应影响符合补偿模型，即在控制了个体危险性因素消极作用的情况下，家庭保护性因素可以促进积极社会适应。家庭危险因素和个体保护因素对犯罪未成年人积极社会适应影响符合保护—反应性模型，即个体保护性因素能够改善和降低家庭危险性因素对积极社会适应的负面影响，但两者对消极社会适应的影响符合补偿模型。个体和家庭保护性因素结合对犯罪未成年人积极社会适应影响符合线性模型，即两类保护性因素对积极社会适应的影响方式是相互独立的，不存在交互

作用。

整体而言,危险性因素和保护性因素指数对积极社会适应的作用符合保护—反应性模型,而对消极社会适应的作用符合补偿模型,这表明保护性因素有助于降低危险性因素对积极社会适应的消极作用,会提升积极社会适应的状况,但保护性因素却不会与危险性因素产生交互作用来减轻消极社会适应,即是说在控制了个体和家庭的危险性因素的影响后,保护性因素可以降低消极社会适应状况。

当然,个体和家庭的保护性因素和危险性因素各自作用和共同作用是正面还是负面的,需要根据具体情况判断。尤其对于犯罪未成年人而言,其因素的作用效果可能与日常认知不符,会表现出特异性。比如,本研究在探讨家庭危险性因素和个体保护性因素的共同作用效果时发现情绪智力正向预测了积极社会适应,也更显著地正向预测了消极社会适应。这就可能是犯罪未成年人的情绪感知和理解的能力相对欠缺,对一些普通和中性的情绪认知为攻击性的情绪表达,但又自以为对情绪的判断是正确的。他们自我评价的较高的情绪能力可能是虚假的,甚至与常人的认知是相反的,那么这一表面上的保护性因素实质更可能是危险性因素。保护性因素与危险性因素或保护性因素的交互项也不一定起正面作用,如父母社会支持×问题回避、保护性社会问题解决×保护性父母教养行为都负向预测积极社会适应。犯罪未成年人的问题回避分数相对较高,对积极社会适应有较强预测力,父母社会支持不能抵消其负面作用。保护性父母教养行为包括规则、强化等维度。某种程度上,于犯罪未成年人而言,规则实际上是一种束缚,他们也可能不太受父母强化的影响。这种看似有保护作用的父母教养行为与保护性社会问题解决结合后反而对积极社会适应起到负面作用。其实在探讨个体和家庭保护性因素和危险性因素其他的共同作用时也可能存在类似的情况,即表面起保护作用的因素与特定因素结合后也会出现消极效应。当然对于犯罪未成年人而言，也可能存在众多其他的保护性因素和危险性因素及其作用模式，本研究涉及的因素还不完全，需要进一步研究探索。

6 小结

（1）家庭环境、情绪智力、社会问题解决技能能够共同预测犯罪未成年人的积极和消极社会适应；

（2）个体和家庭的危险性因素对犯罪未成年人积极和消极社会适应的影响较为符合中介模型；

（3）家庭保护性因素和个体危险性因素对犯罪未成年人积极社会适应影响符合补偿模型；

（4）家庭危险性因素和个体保护性因素对犯罪未成年人积极社会适应影响符合保护—反应性模型，但两者对消极社会适应的影响符合补偿模型；

（5）个体和家庭保护性因素对犯罪未成年人积极社会适应影响符合线性模型；

（6）危险性因素指数与保护性因素指数对犯罪未成年人积极社会适应的影响符合保护—反应性模型，对消极社会适应的影响符合补偿模型。

第七章 综合讨论和结论

1 对犯罪未成年人社会适应的理论思考

未成年人犯罪已被公认为全世界三大公害之一,未成年人犯罪率逐年攀升。预防和干预未成年人犯罪是非常棘手的问题。先前的同类研究重视的是如何直接减少犯罪行为,较多地探讨了哪些方式可以抑制犯罪行为,虽有一定效果,但仍是"治标不治本",较少有研究者关注犯罪行为形成过程和影响机制。研究表明,犯罪行为是不良社会适应的结果,适应不良是犯罪行为发生的重要中间环节,因此若能有效改善未成年个体的社会适应不良,将十分有利于其犯罪的干预和控制。所以,探讨犯罪未成年人社会适应状况及其影响因素,从犯罪行为产生的过程去控制和阻断犯罪,切断犯罪复杂系统的中间链条,更可能是釜底抽薪之法。

前人对社会适应的探讨更加关注消极方面或者问题行为,这种观点尤其为临床心理和特殊教育工作者所看重。实质上,从积极心理学的角度来看,社会适应也应该有其积极正向的方面。研究证实,确实可以通过培养犯罪未成年人的良好适应来恢复其社会功能(Law,2008)。基于此种考虑,本研究将社会适应界定为积极和消极适应两个功能状态。

研究者在探讨社会适应的内容时,都会涉及社会适应涉及的领域,但目前很少看到已有研究能够科学地划分社会适应的内容领域。总结前人研究，根据对社会适应概念的全面分析，适应至少可以分为个体自我适应和个体对社会整体的适应。对社会整体适应可以通过三个途径表现：一是在与其他个体互动交往过程中体现；二是体现在个人遵从社会角色和社会规范的过程中；三是体现在应对社会环境变化的过程中。由此社会适应可以被建构为自我适应、人际适应、行为适应和环境适应四个领域。

积极和消极两个功能状态以及自我、人际、行为和环境适应四个内容领域是社会适应的重要方面和特征。从两个功能维度和四个内容领域描述社会适应，为重新认识青少年社会适应状况提供了新的视角。社会生活的丰富性决定了犯罪未成年人的社会适应也是丰富多彩的。犯罪个体虽然表现出较多的消极适应特征，但同样也能展现其积极方面的特质。心理弹性的研究也表明，个体心理弹性具有情境特异性：在某个适应领域表现出脆弱性，在另一个适应领域可能表现出心理弹性或者复原力。一个对自我充满信心的人，很可能有些情绪的困扰，或者不善与他人交往。个体心理健康不仅是消极适应的减少，更重要的是积极适应的增加，也不只是在某些适应领域独善其身，在另一些领域适应不良，而应该在所有适应领域都获得良好的适应。从社会适应角度来干预和控制犯罪可以分为适应不良的干预和积极品质的培养两个层次。个体消极适应症状的消除，并不表示积极适应品质得到有效发展。只单一控制负面症状干预犯罪并不彻底，犯罪未成年人再次面临诱惑时很可能重操旧业。加强积极心理品质的培养，提高其心理健康程度更可能是控制和降低犯罪率的有效办法。

2 理论模型的验证发展和丰富了问题行为理论

对于本研究中众多的个体和家庭因素，本研究又从预防和干预未成年人犯罪的角度划分了保护性和危险性因素，并对于危险性因素和保护性因素的各种相互作用的模型进行了验证，发现家庭保护性因素对于积极和消极社会适应的作用符合线性模型，家庭危险性因素对于积极适应的作用符合 U 型曲线（反挑战模型），对于消极适应的作用符合饱和模型，两者均符合二次曲线的标准；家庭保护性因素对于积极适应的作用符合线性模型，对于消极适应的作用符合三次曲线的标准。很明显，前人将个体和家庭两种类别合并计算其叠加性危险性因素或保护性因素的方法是不太合适的。本研究结果表明，计算两类危险性因素和保护性因素，不能简单地将其加和，进行危险性或者保护性因素的计算，而应该分开来对个体和家庭的两类因素进行叠加模型的计算。当然，总的说来，犯罪未成年人社会适应的状况随着保护性因素的增加而升高，随着危险性因素数目的增加而降低。

对于个体和家庭的保护性因素和危险性因素结合模型的验证发现，个体和家庭危险性因素相结合对犯罪未成年人社会适应的影响较为符合中介模型，这就表明远端危险性因素通过近端危险性因素对犯罪未成年人社会适应起到作用，因此要提升犯罪未成年人社会适应就要从根本上消除近端或者个体的危险性因素，切断远近端因素相互作用的链条，正所谓"祸起萧墙之内"，若个体独善其身，使得远端危险性因素也无处着力，也就避免了个体出现问题和犯罪行为。

家庭危险因素和个体保护因素的结合以及危险性因素和保护性因素指数的结合对犯罪未成年人积极社会适应的影响符合保护—反应性模

型。其他个体和家庭的危险性因素和保护性因素的结合对犯罪未成年人社会适应的影响大多符合补偿模型或者线性模型，也就是说保护性因素能够在危险性因素出现的情况下，显著正向预测积极社会适应，负向预测消极社会适应，这表明保护性因素确实有利于控制危险性因素的消极作用，促进良好社会适应的获得。危险性因素和保护性因素指数对积极社会适应的作用符合保护—反应性模型，对消极社会适应的作用符合补偿模型。这也提示我们个体、家庭的危险性和保护性因素分开与合并后，对社会适应的作用模式大相径庭。由此，结合本研究的结果并参照问题行为等犯罪学理论，本研究认为，在探讨保护性因素和危险性因素间的作用时，分类应该更细一些，要尽量降低保护性和危险性因素内部的异质性，以期获得更加准确的信息。其实，从两类因素对积极和消极社会适应不同的作用模式也可以看出，积极和消极社会适应可能并不是同一变量的两端，更可能是两种关系密切的概念，消极适应的减少并不表示积极适应的增加，良好社会适应的获得是提升积极适应、降低消极适应的双方面过程。

本研究在探讨危险性因素和保护性因素对社会适应共同作用的效果之时，发现除少数预测作用中保护性因素的效果并不明显外，多数情况满足的是补偿或线性模型，而不是保护—反应性模型或者保护—稳定性模型。这表明保护性因素与危险性因素或者其他类别的保护性因素不存在明显交互作用，其原因可能是：虽然我们合并了保护性因素和危险性因素一些变量维度，但处理后的变量仍相对较多，可能存在某些特定的保护性因素与危险性因素间的作用，在众多因素的影响和冲抵之下，作用效果显得不那么显著。同样需要注意的是，并非所有保护性因素都能够降低危险性因素的作用，一些感知到的环境中的保护性因素作用效果相对较弱，尤其犯罪未成年人这一特殊群体的保护性因素的效果很容易被大量危险性因素的作用所掩盖,也在一定程度上反映出控制和干预未成年人犯罪任重而道远。当然在实际应用中,保护性因素和危险性因素结合的情况相对比较复杂,我们只能就本研究所涉及的相关因素加以分析,讨论可能的情况。

虽然在本研究中发现了个体和家庭危险性因素和保护性因素共同影响犯罪未成年人的相互作用模式,但是我们并不能仅满足探讨这些因素间详细的作用模式和作用效果,而应该从理论上思考因素间的作用机制。实际上,问题行为理论就能够很好地从个体和家庭因素方面阐述危险性因素和保护性因素对个体适应及问题行为的作用。

根据问题行为理论,影响个体问题行为的社会心理系统主要由个体系统、感知到的社会环境系统和行为系统三部分构成,而个体和家庭环境因素就分别属于个体系统和感知的社会环境系统。个体系统和社会环境系统以及行为系统之间建立起复杂的互动关系,一是个体因素在社会环境系统对个体行为或适应的预测过程中起中介作用;二是个体因素与社会环境因素交互作用也可能影响个体的社会适应。实际上,不论是个体的行为还是社会适应,都是社会环境和个体因素相互作用的产物。

个体和家庭环境的每一个因素都可以区分出促进社会适应的保护性因素和阻碍社会适应的危险性因素,而保护性因素和危险性因素间的关系也相当复杂。对于一个特定的个体而言,他拥有的保护性因素和危险性因素以各种可能的方式组合一起对其社会适应状况产生影响。当然相对于普通群体,犯罪未成年人有其自身的特点,危险性因素数量较多,作用效果较强,因此分析这一群体的危险性因素和保护性因素的作用方式,有助于在实践中减少犯罪未成年人的危险性因素的数量,降低危险性因素的负面效果,以从根本上解决未成年犯不良社会适应的问题,在预防和控制未成年人犯罪方面取得真正的、突破性的进展。

3 本研究对预防犯罪的启示

3.1 关注和监控问题行为

问题行为衍生出犯罪行为可以体现在未成年人生活的各方面。个体和家庭因素与问题行为和社会适应密切相关,先前已有论述。除此以外,同伴和社会因素也会造成问题行为向犯罪行为的演变。青少年们正处于从家庭迈向社会的转型过程中,与同伴互动的机会逐渐增多。所谓"近朱者赤,近墨者黑",同伴的特点在很大程度上影响未成年人的心理发展,一个有较多问题行为的伙伴周围更多的可能是劣迹斑斑的朋友。有问题行为的同伴聚合在一起更容易加重问题行为,并可能进一步发展出个体或者团伙犯罪行为。社会环境方面,大众媒体(电视、电影、音乐、游戏等)中大量的暴力和性等内容直接震撼和冲击了未成年人的心灵。社会学习观点认为年轻人喜欢模仿新异刺激,他们受到这些不良内容的影响,就很容易出现暴力、攻击等问题行为,进而发展出犯罪行为。现在某些媒体为追求收视率,对社会上发生的谋杀、绑架、吸毒、纵火等犯罪情节和过程过分写实,为青少年顺利模仿这些犯罪行为提供了详细的手法和反侦探信息。

其实不论是哪些方面的因素引发了社会适应不良或问题行为,问题行为的多发都向我们敲响了警钟。这提示家长和社会,较多问题行为的未成年人今后犯罪的概率增加,需要对这类群体加以关注,可以考虑从个体、家庭、同伴和社会等多方面入手,增加保护性因素,减少危险性因素,来提升这一边缘群体的社会适应状况,减低未成年人的犯罪率。

3.2 增强个体自身素质

个体自身特点与其犯罪行为有着密切的关系。本研究发现，情绪智力和社会问题解决能力都能显著预测犯罪未成年人的积极和消极社会适应，而且社会问题解决技能还能中介情绪智力和社会适应间的关系。先前研究较少探讨情绪智力与犯罪未成年人社会适应间的关系。本研究表明，在探讨危险性因素与保护性因素的作用时，情绪智力正向显著预测了消极社会适应。这就可能是由于先天或后天的原因，犯罪未成年人的情绪感知和理解的能力相对欠缺，容易将一些普通和中性的情绪认知为攻击性的情绪表达，同时又感觉自己对情绪的判断是正确的。他们自我评价的较高的情绪能力可能是虚假的，甚至与常人的认知是相反的。所以培养和增强个体的情绪智力，需要首先从正确感知和识别自己和他人的情绪开始，逐渐创造性地应用情绪能力去解决问题，并进一步培养良好地管理和调节自己情绪的能力。本研究也发现，情绪运用是积极社会适应的关键保护性因素。这提示我们要重视培养积极情绪来提升解决问题、推理、决策和创造性行为的能力，最终提升社会适应状况，凡事能保持乐观的心态，带入积极情绪去完成工作，对人对事主动热情，就更可能获得良好的社会适应状况，减少适应不良和问题行为，进一步降低犯罪的可能性。

社会问题解决能力的培养对预防犯罪也有着积极作用。社会问题解决能力是个体适应生活的重要指标，青少年问题行为通常与较低的社会问题解决能力有关。本研究发现，社会问题解决能力的问题趋近维度是积极和消极社会适应的关键个体保护性因素。问题趋近是社会问题解决态度的重要成分，作为社会问题解决的动力因素起着关键作用，因此应从培养未成年人积极乐观的心态入手，使其相信自己的问题解决能力，再进一步动手解决问题，才可能有效提高未成年人的适应状况。当然，社会问题解决技能也非常重要，本研究发现，社会问题解决技能可以中介犯罪未成年人情绪智力和消极社会适应间的关系。这显示出低情绪智力的犯罪未成年人，其社会问题解决技能通常也较差，社会适应状况也就更差，所以提升犯罪未成年人的社会问题解决技能能够有效降低其消极社会适应。

3.3 营造和谐的家庭环境

亲子系统正常运作有利于提高未成年人的社会适应能力和预防犯罪。首先，良好的亲子关系有助于获得良好社会适应和抑制犯罪行为。本研究发现，保护性父母教养行为能显著预测犯罪和普通被试的社会适应，父母教养行为中的规则是积极和消极社会适应的关键家庭保护性因素。这表明，培养和确立各种行事规则、规范和习惯等对犯罪未成年人获得良好社会适应非常重要。在父母对孩子实施教养行为的过程中，尤其要注意教养行为不一致给孩子带来的困惑。现在的独生子女家庭是造成教养行为不一致的原因之一，本应对犯错误的孩子给予严厉批评、指正和相应的惩罚，但真要做时又不舍得，出现了"雷声大，雨点小"的情形。亲子冲突频率是消极社会适应的关键家庭危险性因素，降低消极社会适应也需要加强亲子沟通，减少亲子冲突。

其次，和谐的父母系统可增强未成年人的适应能力和控制犯罪。根据家庭系统理论的观点，婚姻不和不仅干扰母亲与子女或父母与子女的关系，还通过影响父母亲共同对子女的养育效能，从而降低母亲—父亲—子女三角关系的质量（Cox, Paley, & Harter, 2001）。溢出假说更为具体地阐述了这个过程,即一个子系统的心情或行为会迁移到另一个子系统,如婚姻子系统到亲子子系统(Erel & Burman, 1995)。婚姻质量高或低都会相应地影响双方的情绪、整体家庭氛围,从而影响到父母对子女的养育行为、亲子互动过程和亲子关系质量,最终影响子女的个性和心理发展。本研究结果也证明了父母冲突频率是积极社会适应的关键危险性因素。因此,父母应该维持和谐的婚姻质量,避免父母间的不和谐与冲突迁移到亲子子系统,这样才能够获得良好社会适应状况,并预防犯罪行为的发生。

最后,家庭作为一个整体的系统,其亲子系统和父母系统相互作用,影响家庭功能的发挥,共同作用于社会适应。因此,全面提升家庭功能,有助于增加未成年人对犯罪行为的抵御力。良好的家庭功能往往是良好的亲子依恋、合适的父母教养方式、高质量的父母支持、和谐的父母关系的组合。缺少任何一方面都会阻碍家庭功能的正常发挥。营造和谐家庭功能的目标可以从良好亲子系统和父母系统两方面同时构建。

总之,构建和谐家庭环境,营造良好的亲子关系和父母关系,使正常家庭功能得以发挥,极有利于未成年人获得积极社会适应,降低消极社会适应,进一步帮助预防和控制犯罪行为。

4 本研究的创新之处

4.1 全面考察未成年人社会适应的特点

为弥补先前探讨社会适应的研究只注重消极方面,较多利用各指标组合,少有综合结构化测量方式的缺点,本研究从积极和消极两种功能状态,自我、人际、行为和环境适应四个内容领域,利用结构式问卷全面考察了犯罪未成年人的社会适应，并与普通中学生社会适应的特点进行了对比，明确了犯罪未成年人与有严重问题行为和轻微问题行为的普通人的异同点，从各个方面获取了犯罪未成年人社会适应的特点。

4.2 引入情绪智力和社会问题解决能力等新的个体因素探讨犯罪未成年人社会适应

先前研究探讨影响未成年人犯罪的个体因素主要是人格、自我控制、移情和同情等。自我控制和情绪智力的情绪管理维度存在较强相关性，一些研究也发现了移情、同情等与情绪智力相关的变量与未成年人犯罪行为存在密切关系，但目前鲜有研究探讨情绪智力与犯罪行为和犯罪未成年人社会适应的关系。本研究探讨了情绪智力与犯罪未成年人社会适应间的关系，发现情绪智力能显著预测犯罪未成年人的社会适应。个体因素中的社会问题解决能力也是有效预测犯罪行为的重要变量。社会问题解决能力的缺乏是导致攻击和暴力行为产生的最重要的危险因素，社会问题解决的训练能够有效地矫治性犯罪被试。虽然，一些研究者发现了社会问题解决能力与社会适应和犯罪行为间的联系，但较少有研究探讨社会问题解决能力与犯罪未成年人社会适应的关系，本研究的分析发现，社会问题解决能力可显著预测犯罪未成年人的社会适应。同时本研究也考察了情绪智力和社会问题解决能力对社会适应的共同作用，发现了社会问题解决技能部分中介情绪智力和社会适应间的关系。

4.3 全面考察家庭因素对犯罪未成年人社会适应的影响

先前探讨家庭环境与社会适应间关系的研究较多只针对家庭环境的

某一方面，本研究从家庭社会经济地位、家庭结构、亲子关系、父母关系和家庭功能等多方面评估了犯罪未成年人的家庭环境，发现和谐的家庭环境是建构在良好的亲子互动和父母关系基础上的家庭功能的充分发挥。在全面关注家庭环境的同时，也全面考察了家庭环境对犯罪未成年人社会适应的影响，发现保护性父母教养行为和家庭总体功能对社会适应的预测效力较强。

4.4 进一步验证和推进了保护性和危险性因素的理论模型，揭示了其对社会适应的影响机制

已有的一些研究论述了保护性和危险性因素对普通儿童青少年社会适应和心理健康的作用机制，但少有研究关注犯罪未成年人的相应情况。基于探讨社会适应作用机制和预防控制未成年人犯罪两个方面的考虑，本研究引入了保护性和危险性因素，探讨这些因素对犯罪未成年人社会适应的影响机制，既补充和发展了问题行为理论，又提供了预防和干预未成年人犯罪的新思路。

本研究总结了保护性因素和危险性因素的理论模型，并使用线性回归及曲线估计等方法，在实证研究中分析了多数模型，为验证理论模型提供了具有操作性的分析方法，证明了关键保护性和危险性因素的存在，在肯定因素数目对社会适应影响的基础上强调了因素性质对社会适应的作用。本研究为这些模型给予了实证支持，又从实证研究中发现了模型的不足之处，丰富和发展了理论模型，为这些模型将来的应用打下了较为坚实的基础。

5 本研究的不足与展望

从研究方法上看，限于犯罪未成年人的特殊性，本研究只找到了

男性被试，后续研究可将男女犯罪未成年人进行比较，以获取更有价值的结论；在比较犯罪未成年人与普通中学生时，虽然考虑了性别、年龄、父母和家庭状况的匹配和控制，但由于调查犯罪被试的难度较大，犯罪被试的相关背景信息有部分缺失，导致不能控制太多变量或者匹配变量进行更为精确的分析，需在后续研究中加以改进；由于时间和精力所限，本研究主要通过自我报告的方式搜集数据，可能存在共同方法偏差的影响，后续研究可考虑教师、管教和同伴等他评方式，避免共同方法偏差，也可加入个案研究或者访谈等方法，补充问卷法不足。

从研究内容上看，本研究考察了个体和家庭因素对犯罪未成年人社会适应的影响。按照生态模型理论的观点，影响个体心理发展的环境因素还包括学校、同伴和社会等其他方面，尤其同伴因素对于青少年的影响不可忽视。后续研究中应该更加全面地考察这些因素如何相互作用共同影响犯罪未成年人社会适应。本研究考察了保护性因素和危险性因素共同作用的理论模型，初步揭示了两类因素与犯罪未成年人社会适应间的可能关系，但这些理论模型对于犯罪未成年人群体的干预和控制有何种具体的应用价值，仍有待进一步检验。

6 研究结论

根据本研究结果，可以得出以下结论：

1. 总体而言，犯罪未成年人的社会适应状况显著差于普通中学生的高问题行为组，普通高问题行为组的适应状况要显著差于普通低问题行为组，但是犯罪未成年人的人际疏离、行事效率和积极应对等社会适应维度的得分与普通高问题行为组不存在显著差异。

2. 犯罪未成年人的情绪智力、社会问题解决能力显著差于普通中学生。对于犯罪未成年人和普通中学生而言，情绪智力和社会问题解决能力均能预测其社会适应。叠加性个体保护性因素对于犯罪未成年人积极社会适应的作用符合线性模型。叠加性个体保护性因素虽然降低和缓冲了消极社会适应，但两者关系并不符合线性模型。具体来说，个体保护性因素数目小于 4 个时，变化率逐渐减小；大于 4 个时，变化率逐渐增大。情绪运用和问题趋近是增加积极社会适应的关键个体保护性因素，问题趋近是降低消极社会适应的关键个体保护性因素。

3. 相对于普通中学生，犯罪未成年人更可能来自不完整家庭，其家庭社会经济地位较差，犯罪未成年人的亲子关系、父母关系和家庭功能显著差于普通中学生。亲子关系、父母关系和家庭功能的部分维度能显著预测犯罪未成年人和普通中学生的积极和消极社会适应。叠加性家庭保护性因素对于犯罪未成年人的积极和消极社会适应的影响较符合线性模型；叠加性家庭危险性因素对于积极社会适应的作用模式符合 U 型曲线，叠加性家庭危险性因素对于消极社会适应的影响较为符合饱和模型。父母教养规则和总体家庭功能是增加积极社会适应的关键家庭保护性因素，父母教养规则是降低消极社会适应的关键家庭保护性因素。父母冲突频率和亲子冲突频率分别是降低积极适应和增加消极适应的关键家庭危险性因素。

4. 家庭环境、情绪智力、社会问题解决技能能够共同预测犯罪未成年人的积极和消极社会适应，其中情绪智力和社会问题解决技能起中介作用。个体和家庭的保护性因素和危险性因素共同对犯罪未成年人积极和消极社会适应的影响均符合各自对应的理论模型。

附录1 调查性题目

针对犯罪未成年人的题目会特别提到"进入未管所以前"等字样,针对普通青少年的题目则不涉及。对于两类群体,题目主体内容是一致的。

题目	选项
W01 入未管所前和你住在一起的家人有哪些(可多选)?_____	①亲生父亲 ②亲生母亲 ③继(养)父 ④继(养)母 ⑤爷爷 ⑥奶奶 ⑦外公 ⑧外婆 ⑨哥哥 ⑩姐姐 ⑪弟弟 ⑫妹妹 ⑬其他
W02 你父母生了几个孩子?_____	①1个 ②2个 ③3个及以上; 你排行第几?_____(如果只有你一个孩子,你排行第一)
W03 你母亲的职业是:_____ 你父亲的职业是:_____ (这是两个题目,请分别从右边选择相应的圈码填写在横线上,如果你不确定应选哪项,可直接填写)	①政府机关、党群组织等国家公务员 ②专业技术人员,如科研人员、工程、农业、飞机、船舶等行业的技术人员;教育、医卫、经济、金融、法律、文艺、体育、新闻出版、文化、宗教等方面的专业人员 ③企事业单位中层管理人员,如单位部门负责人,公司经理等 ④政府机关、党群组织和企事业单位的办事人员或职员,如行政办公、安保、消防、邮政、电信等 ⑤商业、服务业人员,如从事购销、仓储、餐饮、宾馆、医疗、社会和居民生活服务等工作的推销员、营业员、服务员、司机、护工等

续表

题　目	选　项
	⑥生产、运输设备操作人员，如一线生产工人或其他劳动者等 ⑦农、林、牧、渔、水利业生产人员，如农民、林业工人、牧民、渔民 ⑧军人 ⑨个体经营者 ⑩没有工作或待业在家 ⑪其他
W04 你母亲的受教育程度是：_____ 你父亲的受教育程度是：_____ 你的受教育程度是：_____ （这是三个题目，请分别从右边选择相应的圈码填写在横线上）	①没有上过学 ②小学 ③初中 ④高中或中专/职高/技校 ⑤大学（专科或本科） ⑥硕士研究生及以上
W05 你家去年一年的总收入大约是：_____	①享受当地低保　②6000元以下　③6000元—1万元　④1—3万元　⑤3—5万元　⑥5—10万元　⑦10—15万元　⑧15—20万元　⑨20万元以上　⑩不知道
W06 你觉得你家的生活水平在当地是：_____	①贫困　②不太富裕　③一般　④比较富裕　⑤很富裕
W07 以前上学时，与你经常在一起的朋友有哪些特点（可多选）：_____	①学习成绩好　②抽烟、喝酒　③参加社会公益活动　④与人打架　⑤经常逃课　⑥是学生干部　⑦参加学校的学生社团　⑧欺负同学　⑨不良的网络使用（如网络欺骗、网络暴力、网络色情等）

续表

题　目	选项
W08　你来到未管所的原因（案由）是：＿＿＿＿	①抢劫　②故意伤害　③杀人　④强奸　⑤偷窃 ⑥诈骗　⑦贩毒　⑧投毒　⑨强迫他人卖淫 ⑩纵火　⑪其他
W09　你是第几次来未管所：＿＿＿＿	①第一次　②第二次　③第三次　④第四次及四次以上
W10　你这次来到未管所的日期是：	＿＿＿＿年＿＿＿＿月
W11　你这次被管教的期限是多长时间？	＿＿＿＿年＿＿＿＿个月

附录2 社会适应问卷

下面描述了青少年在日常生活中的行为表现,请根据你入未管所前在学校的一般情况,在相应选项的数字上画圈"○"。

	题 目	完全不符合	不太符合	有些符合	比较符合	完全符合
A01	我为自己做的一些事情感到自豪。	1	2	3	4	5
A02	我感觉自己并不比别人差。	1	2	3	4	5
A03	我认为我有许多好的品质。	1	2	3	4	5
A04	我觉得自己是有用的,是不可缺少的人。	1	2	3	4	5
A05	我相信,别人能做到的,我也能做到。	1	2	3	4	5
A06	我对自己的相貌感到满意。	1	2	3	4	5
A07	我对自己的未来充满希望。	1	2	3	4	5
A08	我对自己感到满意。	1	2	3	4	5
A09	我愿意真心帮助别人。	1	2	3	4	5
A10	我能设身处地地为别人着想。	1	2	3	4	5
A11	我相信大部分人做事的出发点都是好的。	1	2	3	4	5
A12	我愿意和其他同学分享我的物品。	1	2	3	4	5
A13	我真心喜欢我周围的大多数人。	1	2	3	4	5
A14	我认为与我相处的大多数人都是值得信任的。	1	2	3	4	5

续表

题目		完全不符合	不太符合	有些符合	比较符合	完全符合
A15	当朋友悲伤或不开心的时候，我常安慰和鼓励他们。	1	2	3	4	5
A16	一旦决定去做某事，我就会把它做好。	1	2	3	4	5
A17	我能安排好我的时间。	1	2	3	4	5
A18	我做事能坚持到底。	1	2	3	4	5
A19	我做事效率高，而且做得好。	1	2	3	4	5
A20	稍有不顺就让我感到受挫。	1	2	3	4	5
A21	面对困难我总是不知道如何是好。	1	2	3	4	5
A22	遇到挫折我就一蹶不振。	1	2	3	4	5
A23	遇到困难时，我总希望别人帮我拿主意。	1	2	3	4	5
A24	面对选择，我往往很难作出决定。	1	2	3	4	5
A25	遇到困难时，我把它当作是对自己的考验。	1	2	3	4	5
A26	即使事情变得很糟糕，我仍然能作出正确的决定。	1	2	3	4	5
A27	我能面对生活和学习中的各种困难。	1	2	3	4	5
A28	遇到不好的事情，我总是从好的一面去看待。	1	2	3	4	5
A29	我觉得我能处理好所遇到的大多数问题。	1	2	3	4	5
A30	我觉得失败并不是可怕的事情。	1	2	3	4	5
A31	我常感到闷闷不乐。	1	2	3	4	5
A32	我常感到紧张不安。	1	2	3	4	5
A33	我常感到内心空虚。	1	2	3	4	5
A34	我一点也不开心。	1	2	3	4	5
A35	处理生活中的问题时，我常常感到很无助。	1	2	3	4	5
A36	我讨厌自己。	1	2	3	4	5

续表

题　目	完全不符合	不太符合	有些符合	比较符合	完全符合
A37　对于发生在我身上的事情，我几乎无法控制。	1	2	3	4	5
A38　我常常觉得自己的表现令人失望。………	1	2	3	4	5
A39　我不愿意参加集体活动。………………	1	2	3	4	5
A40　除了特别熟悉的人，我尽量避免与人讲话。	1	2	3	4	5
A41　我喜欢和别人合作。…………………	1	2	3	4	5
A42　我对其他人没有兴趣，而且不想关心他们。	1	2	3	4	5
A43　我积极参加集体活动。………………	1	2	3	4	5
A44　我常常违反校规。……………………	1	2	3	4	5
A45　我常常顶撞师长。……………………	1	2	3	4	5
A46　我常常和别人打架。…………………	1	2	3	4	5
A47　我常常与朋友们一起逃课出去玩。……	1	2	3	4	5
A48　我觉得社会规范是可有可无的东西。…	1	2	3	4	5
A49　我能在学习中获得快乐。……………	1	2	3	4	5
A50　我学习很努力。………………………	1	2	3	4	5

附录3　问题行为问卷

指导语：下列的句子描述了中学生在日常学习、生活中可能出现的一些行为，请根据你的实际情况，在相应选项的数字上画圈"○"。

注意：这里指的是你进入未管所以前上学期间的情况。

	题　目	从未发生	1—2次	几次	经常	总是
R01	考试作弊。	1	2	3	4	5
R02	故意损坏公物。	1	2	3	4	5
R03	骂人或讲粗话。	1	2	3	4	5
R04	吸烟。	1	2	3	4	5
R05	离家出走。	1	2	3	4	5
R06	抄别人的作业。	1	2	3	4	5
R07	在公共场合，乱扔乱丢东西或随地吐痰。	1	2	3	4	5
R08	捉弄嘲笑他人。	1	2	3	4	5
R09	喝烈性酒。	1	2	3	4	5
R10	未经允许在外过夜。	1	2	3	4	5
R11	不完成作业。	1	2	3	4	5
R12	在墙上或桌上乱刻乱画。	1	2	3	4	5
R13	向父母撒谎。	1	2	3	4	5

续表

题 目	从未发生	1—2次	几次	经常	总是
R14 赌博。……………………	1	2	3	4	5
R15 旷课、逃学。………………	1	2	3	4	5
R16 打架。………………………	1	2	3	4	5
R17 偷或骗取别人的钱物。……	1	2	3	4	5
R18 进出成人娱乐场所（酒吧，迪厅）。	1	2	3	4	5
R19 扰乱课堂秩序。……………	1	2	3	4	5
R20 虐待小动物。………………	1	2	3	4	5
R21 背着父母拿家里的钱。……	1	2	3	4	5
R22 看暴力和色情类书刊影视。……	1	2	3	4	5

附录4　情绪智力问卷

下面的句子是对情绪的描述，请根据你现在的实际情况在符合你的选项上画圈"○"。

编号	题目	完全不符合	不太符合	有些符合	比较符合	完全符合
C01	我能觉察别人的某些细微动作或神态传达的意思。	1	2	3	4	5
C02	面对困难我会自己鼓励自己。	1	2	3	4	5
C03	我觉得很难控制自己的愤怒。	1	2	3	4	5
C04	我善于辨别人的情绪。	1	2	3	4	5
C05	心情不好的时候我有办法让自己好起来。	1	2	3	4	5
C06	我常常无缘无故地发脾气。	1	2	3	4	5
C07	我能通过别人讲话的语调判断他当时的情绪。	1	2	3	4	5
C08	即使做我不喜欢的事情，我也能发现其中的乐趣。	1	2	3	4	5
C09	当我身边的人不开心时，我能很敏感地觉察出来。	1	2	3	4	5

续表

题目		完全不符合	不太符合	有些符合	比较符合	完全符合
C10	当我发现自己的做法有问题时，我会以积极的态度改变自己原来的做法。…………	1	2	3	4	5
C11	当我遇到困难时，我会想起以前解决相似困难的情形。…………………………	1	2	3	4	5
C12	别人有烦恼的时候愿意向我倾诉。…………	1	2	3	4	5
C13	身边的人认为我喜怒无常。………………	1	2	3	4	5
C14	和别人在一起时，我知道何时该说、何时该听。………………………………………	1	2	3	4	5
C15	朋友们都说我善解人意。…………………	1	2	3	4	5
C16	我很难控制自己的情绪。…………………	1	2	3	4	5
C17	我会在适当的时候向别人表达我的情绪，让别人知道我的感受。………………………	1	2	3	4	5
C18	我是个很有感染力的人。…………………	1	2	3	4	5

附录5 社会问题解决能力问卷

在日常生活中,有各种各样的问题需要你去面对或处理。下面描述的是人们遇到这些问题时,可能产生的想法、感受或行为,请根据你的实际情况,在相应选项的数字上画圈"○"。

	题 目	完全不符合	不太符合	有些符合	比较符合	完全符合
D01	我认为生活中的问题或困难是锻炼自己、提高能力的机会。…………………………………	1	2	3	4	5
D02	解决问题时,我相信自己的计划或方法是有效的。………………………………………	1	2	3	4	5
D03	我讨厌生活中的各种问题,它们总是给我添乱。…………………………………………	1	2	3	4	5
D04	在解决问题之前,我会设定一个目标,以明确自己期望得到的结果。………………	1	2	3	4	5
D05	我能清楚、准确地表达自己的想法。……	1	2	3	4	5
D06	我很少主动去问别人这件事情应该怎么做。	1	2	3	4	5
D07	我把困难、挫折看作是人生经历的一部分。	1	2	3	4	5
D08	初次解决问题失败时,我会很气馁。……	1	2	3	4	5
D09	我会制订具体的计划,以更好地解决问题。	1	2	3	4	5

续表

题目	完全不符合	不太符合	有些符合	比较符合	完全符合
D10 我能根据交谈情形，了解对方的言外之意。	1	2	3	4	5
D11 求人不如求己，遇到问题，我不愿询问别人。	1	2	3	4	5
D12 初次尝试失败后，我会重新开始，再试一次。	1	2	3	4	5
D13 问题发生后，我会想办法解决，努力使事情向好的一面发展。	1	2	3	4	5
D14 问题发生后，我迟迟不去解决，尽可能拖延。	1	2	3	4	5
D15 我会把一个复杂的问题分解成几部分，按计划一步步解决。	1	2	3	4	5
D16 我能站在别人的角度去考虑问题。	1	2	3	4	5
D17 遇到难题，我会向别人诉说心中的烦恼。	1	2	3	4	5
D18 我觉得"失败是成功之母"。	1	2	3	4	5
D19 问题发生后，我会积极寻找解决办法。	1	2	3	4	5
D20 我总是拒绝相信问题已经发生。	1	2	3	4	5
D21 我会制订解决问题的计划，并按计划执行。	1	2	3	4	5
D22 我能很好地理解别人的难处。	1	2	3	4	5
D23 遇到自己解决不了的问题，我会向别人寻求支持或帮助。	1	2	3	4	5
D24 即使一次次受挫，我也不会轻易退缩。	1	2	3	4	5
D25 我不愿去想现在遇到的一些问题。	1	2	3	4	5
D26 在解决问题的过程中，我会牢记先前预定的目标和计划。	1	2	3	4	5

续表

题目	完全不符合	不太符合	有些符合	比较符合	完全符合
D27 我能采取合理的方式处理与他人的冲突。	1	2	3	4	5
D28 遇到自己很难解决的问题时,我会向有经验或有类似经历的人请教。	1	2	3	4	5
D29 我觉得在解决问题的过程中,可以学到很多东西。	1	2	3	4	5
D30 我经常希望遇到的问题会自动消失。	1	2	3	4	5
D31 解决问题时,我会请教别人应该怎么做。	1	2	3	4	5
D32 我认为水滴石穿,只要坚持就一定能解决问题。	1	2	3	4	5

附录6　父母社会支持问卷

父亲和母亲在培养你的过程中可能都起了非常大的作用。不过，我们需要你根据你进入未管所以前的家庭实际情况，从父母中选出在教育方面对你影响较大的一方，并根据他/她的实际情况在符合的选项上画圈"○"。

J00. 在教育方面，对我影响较大的是：① 父亲　②母亲

	题　目	从不	很少	有时	很多	总是
J01	他/她认为我很能干。	1	2	3	4	5
J02	我不会做的事情他/她会教我。	1	2	3	4	5
J03	在我需要时，他/她能给予我感情上的支持与帮助。	1	2	3	4	5
J04	我和他/她经常一起做开心的事。	1	2	3	4	5
J05	他/她为我感到骄傲。	1	2	3	4	5
J06	当遇到困难时，我会找他/她帮忙。					
J07	我遇到不顺心的事，他/她会鼓励我、安慰我。	1	2	3	4	5
J08	有重要的活动时，他/她会陪我一起去。	1	2	3	4	5
J09	他/她会肯定我在某些方面的特长。	1	2	3	4	5

续表

	题目	从不	很少	有时	很多	总是
J10	当我遇到无法解决的问题,他/她会帮我想办法、出主意。	1	2	3	4	5
J11	他/她能够觉察到我的忧伤或烦恼,并帮我排解。	1	2	3	4	5
J12	生病时,他/她会陪在我的身边。	1	2	3	4	5
J13	当我有进步时,他/她会表扬我。	1	2	3	4	5
J14	我和朋友发生了矛盾,他/她会给我建议。	1	2	3	4	5
J15	当我受委屈或被误解时,他/她会宽慰、开导我。	1	2	3	4	5
J16	遇到挫折或失败,他/她会在身边鼓励我。	1	2	3	4	5
J17	他/她能发现我的优点。	1	2	3	4	5

附录7　父母教养行为问卷

下面描述的是日常生活中父母对待子女的一些方式，请根据你的实际情况，在相应选项的数字上画圈"○"。注意：这里父母对待子女的方式，指的是你进入到未管所以前父母亲对待你的一些方式，而不是现在。

题目		从不	很少	有时	很多	总是
G01	父母同我一起做我喜欢的活动（如运动、散步、购物等）。…………………	1	2	3	4	5
G02	我做错事时，父母会不让我做某些我喜欢的事情（如不让我看电视、不让我出去玩等）。…………………	1	2	3	4	5
G03	父母教我待人接物要有礼貌。…………	1	2	3	4	5
G04	我做了父母不允许的事情后，父母会一直不跟我说话，直到我改正了为止。…	1	2	3	4	5
G05	在我尽力做了一件事情后，父母会给我一些平时享受不到的特权（如晚上可稍晚些睡、可多玩会儿游戏等）。………	1	2	3	4	5
G06	当我遇到难题的时候，父母会跟我讨论问题出在哪里。…………………	1	2	3	4	5
G07	如果我做错事情，父母会让我做一些我不喜欢做的事。…………………	1	2	3	4	5

续表

	题 目	从不	很少	有时	很多	总是
G08	父母教导我要对自己的行为负责任。	1	2	3	4	5
G09	我做了父母不允许的事情后,父母会一直不理我,直到我道歉为止。	1	2	3	4	5
G10	当我主动帮父母做事情(如家务活等)时,父母会表扬我。	1	2	3	4	5
G11	当我和父母意见有分歧时,我们会认真讨论并一起寻找解决的办法。	1	2	3	4	5
G12	我做错事后,父母会大声训斥我。	1	2	3	4	5
G13	父母教我培养良好的生活习惯。	1	2	3	4	5
G14	我做了父母不允许的事情后,父母会一直不跟我说话,直到我承认错误。	1	2	3	4	5
G15	我做了让父母高兴的事情后,父母会给我钱或者小礼物作为奖励。	1	2	3	4	5
G16	放学回家后,父母尽可能找一些时间与我待在一起。	1	2	3	4	5
G17	我无理取闹的时候(如跟父母对着干、撒谎、顶嘴等),父母会惩罚我。	1	2	3	4	5
G18	父母教育我遵守社会规范非常重要。	1	2	3	4	5
G19	我做了父母不允许的事情后,父母会不再理我。	1	2	3	4	5
G20	父母总是试图鼓励我,使我做得更好。	1	2	3	4	5
G21	我遇到困难时,父母会与我一起寻求解决的办法。	1	2	3	4	5
G22	我做了父母不希望我做的事情后,父母会处罚我。	1	2	3	4	5
G23	父母要求我遵守学校或公共场合的秩序。	1	2	3	4	5
G24	我做错事时,父母会严厉批评我。	1	2	3	4	5
G25	父母鼓励我自己解决遇到的问题。	1	2	3	4	5

附录8 亲子冲突问卷

在进入未管所以前,你和父母之间是否曾经发生过以下方面的冲突,请根据你的实际情况,在右边相应的数字上画圈"○"。

	题 目	是	否
M01	在你学业方面(如家庭作业、成绩等)的冲突。	1	0
M02	在做家务事方面(如自己打扫房间、帮助家人干活等)的冲突。	1	0
M03	在朋友关系方面(如交什么朋友、何时跟朋友在一起、与朋友做什么等)的冲突。	1	0
M04	在花钱方面(如怎样花钱、买什么等)的冲突。	1	0
M05	在日常生活安排方面(如睡觉时间、饮食习惯、看电视、上网等)的冲突。	1	0
M06	在着装打扮方面(如服饰、发型等)的冲突。	1	0
M07	在家人关系方面(如尊重、礼貌、兄弟姐妹关系等)的冲突。	1	0
M08	在你的隐私方面(如私拆信件、偷听电话、偷看手机短信或日记等)的冲突。	1	0
M09	对社会事物的看法方面(如时尚话题、社会新闻等)发生的冲突。	1	0

附录9 父母亲密问卷

以下描述了父母之间的情况,请根据你进入未管所以前家里的实际情况,在相应选项的数字上画圈"○"。

	题 目	完全不符合	不太符合	有些符合	比较符合	完全符合
L01	父母亲之间相互关心对方。…………	1	2	3	4	5
L02	父母亲之间能够相互理解。…………	1	2	3	4	5
L03	父母亲之间有共同的兴趣和爱好。…	1	2	3	4	5
L04	父母一方在讲话时,另外一方总会认真倾听。………………………………	1	2	3	4	5
L05	父母之间的婚姻关系很稳定。………	1	2	3	4	5

附录10 父母冲突问卷

以下描述了父母发生冲突时的情况,请根据你进入未管所以前家里的实际情况,在相应选项的数字上画圈"○"。

题 目	从不	很少	有时	经常	总是
K01 父母吵架或意见不合。…………………	1	2	3	4	5
K02 即使当着我的面,父母也相互指责。…	1	2	3	4	5
K03 我看到过父母吵架。…………………	1	2	3	4	5
K04 父母在家互相指责、抱怨。…………	1	2	3	4	5
K05 父母冷战,互不理睬。………………	1	2	3	4	5

题 目	完全不符合	不太符合	有些符合	比较符合	完全符合
K06 父母吵架时,有时会摔东西。………	1	2	3	4	5
K07 父母吵架时,有时会大喊大叫。……	1	2	3	4	5
K08 父母吵架时,有时会动手打对方。…	1	2	3	4	5
K09 父母吵架时,有时会互相骂对方。…	1	2	3	4	5
K10 父母吵架后,有时会好几天都不说话。	1	2	3	4	5

附录11 总体家庭功能问卷

以下是对家庭情况的总体描述,请根据你进入未管所以前的家庭实际情况,在相应选项的数字上画圈"○"。

题目		完全不符合	不太符合	有些符合	比较符合	完全符合
I01	家人能相互表达自己的感受。………	1	2	3	4	5
I02	家人对彼此都非常满意。……………	1	2	3	4	5
I03	我的家是和睦的。……………………	1	2	3	4	5
I04	家中每个人都为家庭作出了自己的贡献。…………………………………	1	2	3	4	5
I05	我的家非常温馨。……………………	1	2	3	4	5
I06	当遇到问题时,我们能够互相依靠,共渡难关。……………………………	1	2	3	4	5

参考文献

AAIDD. (2010). Definition of intellectual disability. http://www.aamr.org/content_100.cfm?navID=21.

Achenbach, T. M. (1991). *Child behavior checklist*/4 - 18. Burlington: University of Vermont.

Adinkrah, M. (2003). Homicide-suicides in Fiji: Offense patterns, situational factors, and sociocultural contexts. *Suicide & Life-Threatening Behavior*, 33(1), 65 - 73.

Akers, R. L., Krohn, M. D., Lanza-Kaduce, L., & Radosevich, M. (1979). Social learning and deviant behavior: A general test of a specific theory. *American Sociological Review*, 44, 635 - 655.

Allen, J. P., Marsh, P., McFarland, C., McElhaney, K. B., & Land, D. J. (2002). Attachment and autonomy as predictors of the development of social skills and delinquency during midadolescence. *Journal of Consulting and Clinical Psychology*, 70(1), 56 - 66.

Allen, J. P., Moore, C. W., Kuperminc, G. P., & Bell, K. (1998). Attachment and adolescent psychosocial functioning. *Child Development*, 69(5), 1406 - 1419.

Appleyard, K., Egeland, B., van Dulmen, M. H. M., & Sroufe, L. A. (2005).

When more is not better: The role of cumulative risk in child behavior outcomes. *Journal of Child Psychology and Psychiatry*, 46, 235 – 245.

Arbona, C. , & Power, T. G. (2003). Parental attachment, self-esteem, and antisocial behaviors among African American, European American, and Mexican American adolescents. *Journal of Counseling Psychology*, 50(1), 40 – 51.

Bar-On, R. (1997). *The Motional quotient inventory (EQ-i): Technical manual.* Toronto, Canada: Multi-Health Systems, Inc.

Bartol, C. R. , & Bartol, A. M. (2005). *Criminal behavior: A psychosocial approach.* Prentice Hall: Pearson Education.

Belsky, J. , Garduque, L. , & Hrncir, E. (1984). Assessing performance, competence and executive capacity in infant play: Relations to home environment and security of attachment. *Developmental Psychology*, 20, 406 – 417.

Blackburn, R. (2000). *The psychology of criminal conduct: Theory, research and practice.* (Z. X. Wu, &B, H, Liu, Trans). Hoboken, NJ: John Wiley & Sons, Ltd (original work published in 1993).

Boss, P. (1999). *Ambiguous loss: Learning to live with unresolved grief.* Cambridge, MA: Harvard University Press.

Bradford, K. , Vaughn, L. B. , & Barber, B. K. (2008). When there is conflict: Interparental conflict, parent-child conflict, and youth problem behaviors. *Journal of Family Issues* (29), 780 – 805.

Braithwaite, J. (1981). The myth of social class and criminologyreconsidered. *American Sociological Review*, 46, 36 – 57.

Brook, J. S. , Brook, D. W. , Zhang, C. , & Cohen, P. (2009). Pathways from adolescent parent-child conflict to substance use disorders in the fourth decade of life. *The American Journal on Addictions*(18),235 – 242.

Burchinal, M., Roberts, J. E., Zeisel, S. A., Hennon, E. A., & Hooper, S. (2006). Social risk and protective child, parenting, and child care factors in early elementary school years. *Parenting: Science and Practice*, 6,79 – 113.

Caplan, G. (1974). *Support systems and community mental health: Lectures on concept development.* Pasadena, CA, US: Behavioral Publications.

Chaiken, M. R., & Chaiken, J. M. (1984). Offender types and public policy. *Crime and Delinquency*, 30, 195 – 226.

Chen, G. (2009). Gender differences in crime, drug addiction, abstinence, personality characteristics, and negative emotions. *Journal of Psychoactive Drugs*, 41(3), 255 – 266.

Chen, X., Rubin, K. H., & Li, D. (1997). Relation between academic achievement and social adjustment: Evidence from Chinese children. *Development Psychology*, 33(3), 518 – 525.

Ciarrochi, J. V., Chan, A. Y. C., & Caputi, P. (2000). A critical evaluation of the emotional intelligence construct. *Personality and Individual Differences*, 28, 539 – 561.

Cluver, L., & Orkin, M. (2009). Cumulative risk and AIDS-orphanhood: Interactions of stigma, bullying and poverty on child mental health in South Africa. *Social Science & Medicine*, 69, 1186 – 1193.

Cohen, M. A. (1998). The monetary value of saving high risk youth. Journal of Quantitative Criminology, 14(1), 1 – 32.

Cooper, M. L., Shaver, P. R., & Collins, N. L. (1998). Attachment styles, emotion regulation, and adjustment in adolescence. *Journal of Personality and Social Psychology*, 74(5), 1380 – 1397.

Costa, F. M. (2008). Problem-behavior theory – A brief overview. http://www.colorado.edu/ibs/jessor/pb_theory.html.

Cox, M., Paley, B., & Harter, K. (2001). Interparental conflict and parent-child relationships. In J. H. Grych & F. D. Fincham (Eds.), *Interparental conflict and child development: Theory, research, and applications*. New York: Cambridge University Press.

Crick, N., & Dodge, K. (1994). A review and reformulation of social information-processing mechanisms in children's social adjustment. *Psychological Bulletin*, 115(1), 74 – 101.

Cummings, E. M., & Davies, P. (1994). *Children and marital conflict: The impact of family dispute and resolution*. New York: Guilford Press.

D'Zurilla, T. J., Nezu, A. M., & Maydeu-Olivares, A. (1996). *Manual for the social problem-solving Inventory-Revised (SPSI-R)*. North Tonawanda, NY: Multi-Health Systems.

Davies, P. T., Dumenci, L., & Windle, M. (1994). Marital conflict and child adjustment: An emotional security hypothesis. *Psychological Bulletin*, 116, 387 – 411.

Dawda, D., & Hart, S. D. (2000). Assessing emotional intelligence: Reliability and validity of the Bar-On Emotional Quotient Inventory (EQ-I) in university students. *Personality and Individual Differences*, 28, 797 – 812.

Deković, M. (1999). Risk and protective factors in the development of problem behavior during adolescence. *Journal of Youth and Adolescence*, 28(6), 667 – 685.

Dotterer, A. M., Hoffman, L., Crouter, A. C., & McHale, S. M. (2008). A Longitudinal examination of the bidirectional links between academic achievement and parent-adolescent conflict. *Journal of Family Issues*, 29(6),762 - 779.

D'Zurilia, T. J. , Edward, C. C. , & Lawrence, J. S. (2003). Self-esteem and social problem solving as predictors of aggression in college students. *Journal of Social and Clinical Psychology*, 22(4),424 - 440.

D'Zurilla, T. J. , & Nezu, A. M. (1999). *Problem-solving therapy: A social competence approach to clinical intervention* (2 ed.). New York: Springer.

Edari, R. , & McManus, P. (1998). Risk and resiliency factors for violence. *Pediatric Clinics of North America*, 45, 293 - 305.

Eisenberg, N. , Cumberland, A. , Spinrad, T. L. , Fabes, R. A. , Shepard, S. A. , & Reiser, M. (2001). The relations of regulation and emotionality to children's externalizing and internalizing problem behavior. *Child Development*, 72, 1112 - 1134.

El-Sheikh, M. , & Buckhalt, J. A. (2003). Parental problem drinking and children's adjustment: Attachment and family functioning as moderators and mediators of risk. *Journal of Family Psychology*, 17(4), 510 - 520.

Erel, O. , & Burman, B. (1995). Interrelatedness of marital relations and parent-child relations: A meta-analytic review. *Psychological Bulletin*, 118, 108 - 132.

Evans, C. , Ehlers, A. , Mezey, G. , & Clark, D. M. (2007). Intrusive memories in perpetrators of violent crime: Emotions and cognitions. *Journal of Consulting and Clinical Psychology*, 75(1), 134 - 144.

Evans, T. D. , Cullen, F. T. , Burton, V. S. J. , Dunawsy, R. G. , & Benson, M. L. (1997). The social consequences of self-control: Testing the general theory of crime. *Criminology*, 35(3), 475 - 504.

Farrington, D. P. (2000). Explaining and preventing crime: The globalization of knowledge—the American Society of Criminology 1999 presidential address. *Criminology*, 38(1), 1–24.

Farrington, D. (1991). Anti-social personality from childhood to adulthood. *Psychologist*, 4, 389–394.

Fergus, S., & Zimmerman, M. A. (2005). Adolescent resilience: A framework for understanding healthy development in the face of risk. *Annual Review of Public Health*, 26, 399–419.

Furman, W. (1992). Age and sex differences in perceptions of networks of personal relationships. *Child Development*, 63, 103–115.

Garmezy, N. (1993). Children in povery: Resilience despite risk. *Psychiatry*, 56, 127–136.

Garmezy, N., Maten, A. S., & Tellgen, A. (1984). The study of stress and competence in children: A building block for developmental psychopathology. *Child Development*, 55(1), 97–111.

Geismar, L. L., & Wood, K. M. (1986). *Family and delinquency: Resocializing the young offender*. New York, NY: Human Sciences Press.

Gibbens, T. C. N. (1965). *Changing the lawbreaker*. Englewood Cliffs, NJ: Prentice-Hall.

Gil, A. G., & Wagner, E. F. (2000). Acculturation, familism, and alcohol use among Latino adolescent males: Longitudial relations. *Journal of Community Psychology*, 28(4), 443–458.

Giordano, P. C., Schroeder, R. D., & Cernkovich, S. A. (2007). Emotions and crime over the life course: A neo-median perspective on criminal continuity and change. *American Journal of Sociology*, 112(6), 1603–1661.

Glueck, S., & Glueck, E. (1950). *Unraveling juvenile delinquency.* Cambridge, MA: Harvard University Press.

Goleman, D. (1995). *Emotional intelligence.* New York: Bantam Books.

Goleman, D. (1998). *Working with emotional intelligence.* Bantam: New York.

Gottfredson, M. R., & Hirschi, T. (1990). *A General theory of crime.* Stanford: Stanford University Press.

Gottman, J. M., & Notarius, C. I. (2000). Decade review: Observing marital interaction. *Journal of Marriage and the Family*, 62, 927 – 947.

Grych, J. H., & Fincham, F. D. (Eds.). (2001). *Child development and interparental conflict: Theory, research, and applications.* New York: Cambridge University Press.

Guerra, N. G., & Slaby, R. G. (1990). Cognitive mediators of aggression in adolescent offenders: Ⅱ Intervention. *Developmental Psychology*, 26, 269 – 277.

Heaven, P. C. (1996). Personality and self-reported delinquency: Analysis of the "big five" personality dimensions. *Personality Individual Difference*, 20(1), 47 – 54.

Hirschi, T. (1969). *Causes of delinquency.* Berkeley: University of California Press.

Hirschi, T. (1978). Causes and prevention of juvenile delinquency. *Sociological Inquiry*, 47, 322 – 341.

Hirschi, T. (1986). On the compatibility of rational choice and social control theories of crime. In D. B. Cornish & R. V. G. Charke (Eds.). *The reasoning criminal: Rational choice perspectives on offending.* New York: Springer-Verlag.

Jaffee, S. R., Caspi, A., Moffitt, T. E., Dodge, K. A., Rutter, M., & Taylor, A., et al. (2005). Nature × Nurture: Genetic vulnerabilities interact with physical maltreatment to promote conduct problems. *Development and Psychopathology*, 17, 67-84.

Jaffee, W. B., & D'Zurilla, T. J. (2003). Adolescent problem solving, parent problem solving, and externalizing behavior in adolescents. *Behavior Therapy*, 34(3), 295-311.

James, C. H. (2003). Risk and protective factors for serious and violent delinquency. In C. H. James (Ed.). *Preventing and reducing juvenile deliquency: A comprehensive framework* (pp. 103-129). Thousand Oaks, CA: Sage Publications.

Jessor, R., Donovan, J. E., & Costa, F. M. (1991). *Beyond adolescence: problem behavior and young adult development.* New York: Cambridge University Press.

Jones, D. J., Forehand, R., Brody, G., & Armistead, L. (2002). Psychosocial adjustment of African American children in single-mother families: A test of three risk models. *Journal of Marriage and Family*, 64, 105-115.

Kandel, E., Mednick, S. A., Kirkegaard-Soresen, L., Hutchings, B., Knop, J., & Rosenberg, R., et al. (1998). IQ as a protective factor for subjects at high risk for antisocial behavior. *Journal of Consulting and Clinical Psychology*, 56(2), 224-226.

Katsiyannis, D., Zhang, D., Barrett, D. E., & Flaska, T. (2004). Background and psychosocial variables associated with recidivism among adolescent males: A 3-year investigation. *Journal of Emotional and Behavioral Disorders*, 12(1), 23-29.

Klausli, F. J. , & Owen, T. M. (2009). Stable maternal cohabitation, couple relationship quality, and characteristics of the home environment in the child's first two Years. *Journal of Family Psychology*, 23(1), 103 – 106.

Knust, S. , & Stewart, A. L. (2002). Risk-taking behaviour and criminal offending: An investigation of sensation seeking and Eysenck Personality Questionnaire. *International Journal of Offender Therapy and Comparative Criminology*, 46, 586 – 602.

Krishnakumara, A. , & Black, M. M. (2002). Longitudinal predictors of competence among African American children: The role of distal and proximal risk factors. *Applied Developmental Psychology*, 23, 237 – 266.

Lange, J. S. (1931). *Crime as Destiny*. London: Allen and Unwin.

Law, A. A. (2008). *Prosocial behaviors in the juvenile delinquent population*. Alliant International University, Fresno, CA, US.

Leas, L. , & Mellor, D. (2000). Prediction of delinquency: The role of depression, risk-taking and parental attachment. *Behavior Change*, 17(3), 155 – 166.

Leeuwen, K. G. V. , & Vermulst, A. A. (2004). Some psychometric properties of the Ghent Parental Behavior Scale. *European Journal of Psychological Assessment*, 20(4), 283 – 298.

Lemerise, E. A. , & Arsenio, W. F. (2000). An integrated model of emotion processes and cognition in social information processing. *Child Development*, 71, 107 – 118.

Loeber, R. , & Stouthamer-Loeber, M. (1986). Family factors as correlates and predictors of juvenile conduct problems and delinquency. In M. Tonry & N. Morris (Eds.), *Crime and justice: Annual review* (Vol. 7, pp. 29 – 149). Chicago: University of Chicago Press.

Luthar, S. S. (1991). Vulnerability and resilience: A study of high-risk adolescents. *Child Development*, 6(2), 600 – 616.

Luthar, S. S. (2006). Resilience in development: Resilience in development: A synthesis of research across five decades. In D. Cicchetti & D. J. Cohen (Eds.), *Developmental psychology: Risk, disorder, and adaptation* (pp. 740 – 795). New York: Wiley.

Luthar, S. S., Cicchetti, D., & Becker, B. (2000). The construct of resilience: A critical evaluation and guidelines for future work. *Child Development*, 71, 543 – 562.

Masten, A. S. (1989). Resilience in development: Implications of the study of successful adaptation for developmental psychopathology. In D. Cicchetti (Ed.), *The emergence of a discipline: Rochester Symposium on Developmental Psychopathology* (Vol. 1, pp. 261 – 294). Hillsdale, NJ, England: Lawrence Erlbaum.

Mavroveli, S., Petrides, K. V., Rieffe, C., & Bakker, F. (2007). Trait emotional intelligence, psychological well-being and peer-rated social competence in adolescence. *British Journal of Developmental Psychology*, 25, 263 – 275.

Mayor, J. R., Dipaolo, M., & Salovey, P. (1990). Perceiving affective content in ambiguous visual stimuli: A component of emotional intelligence. *Journal of Personality Assessment*, 54, 772 – 781.

McMullen, J. C. (1999). *A test of self-control theory using general patterns of deviance.*, Virginia State University, Blacksburg, Virginia, USA.

McMurran, M. (2005). Social problem-solving and offending: Reflections and directions. In M. McMurran & J. McGuire (Eds.), *Social problem solving* and offending:Evidence,evaluation and evolution (pp. 297 – 307). Chichester,England:John Wiley & Sons,Ltd.

McMurran,M. ,Egan,V. ,Blair,M. ,& Richardson,C. (2001). The relationship between social problem-solving and personality in mentally disordered offenders. *Personality and Individual Differences*,30,517 – 524.

Minuchin,P. (2002). Looking toward the horizon:Present and future in the study of family systems. In J. P. McHale & W. S. Grolnick (Eds.) ,*Retrospect and prospect in the psychological study of families* (pp. 259 – 278). Mahwah,NJ:Erlbaum.

Moss,R. H. ,& Moss,B. S. (1981). *Family environment scales manual.* Palo Alto,CA:Consulting Psychologists Press.

Mostow,A. ,Izard,C. E. ,Fine,S. ,& Trentacosta,C. J. (2002). Modeling emotional,cognitive,and behavioral predictors of peer acceptance. *Child Development*,73(6),1775 – 1787.

Nezu,C. M. ,D Zurilla,T. J. ,& Nezu,A. M. (2005). Problem-solving therapy:Theory,practice,and application to sex offenders. In M. McMurran & J. McGuire (Eds.) ,*Social problem solving and offending:evidence,evaluation and evolution* (pp. 103 – 124). Chichester, England: John Wiley & Sons Ltd.

Noom,M. J. ,Dekovic,M. ,& Meeus,W. H. J. (1999). Autonomy,attachment and psychosocial adjustment during adolescence:A double-edged sword? *Journal of Adolescence*,22,771 – 783.

Ooi,Y. P. ,Ang,R. P. ,Fung,D. S. S. ,Wong,G. ,& Cai,Y. (2006). The impact of parent-child attachment on aggression,social stress and self-esteem. *School Psychology International*,27(5),552 – 566.

Ostaszewski, K. , & Zimmerman, M. A. (2006). The effects of cumulative risks and promotive factors on urban adolescent alcohol and other drug use: A longitudinal study of resiliency. *American Journal of Community Psychology*, 38, 237 – 249.

Pakes, F. , & Winstone, J. (2007). *Psychology and Crime: Understanding and tackling offending behaviour.* Cullonpton, Devon, UK: Willan Publishing.

Palmer, E. J. (2000). Perceptions of parenting, social cognition and delinquency. *Clinical Psychology and Psychotherapy*, 7, 303 – 309.

Palmer, E. J. , & Hollin, C. R. (2001). Sociomoral reasoning, perceptions of parenting and self-reported delinquency in adolescents. *Applied Cognitive Psychology*, 15, 85 – 100.

Parker, J. D. A. , Taylor, G. J. , & Bagby, R. M. (2001). The relationship between emotional intelligence and alexithymia. *Personality and Individual Differences*, 30, 157 – 169.

Patterson, G. R. , DeBaryshe, B. D. , & Ramsey, E. (1989). A developmental perspective on antisocial behavior. *American Psychologist*, 44, 329 – 335.

Pellegrini, D. S. (1990). Psychosocial risk and protective factors in childhood. *Journal of Developmental and Behavioral Pediatrics*, 11(4), 201 – 209.

Petridesa, K. V. , Fredericksonb, N. , & Furnhamb, A. (2004). The role of trait emotional intelligence in academic performance and deviant behavior at school. *Personality and Individual Differences*, 36, 277 – 293.

Quinsey, V. L. , Rice, M. E. , & Harris, G. T. (1995). Actuarial prediction of sexual recidivism. *Journal of Interpersonal Violence*, 10(1), 85 – 105.

Rauer, A. J. , Karney, B. R. , Garvan, C. W. , & Hou, W. (2008). Relationship risks in context: A cumulative risk approach to understanding relationship satisfaction. *Journal of Marriage and Family*,70,1122 – 1135.

Ray, C. E. , & Elliott, S. N. (2006). Social adjustment and academic achievement: A predictive model for students with diverse academic and behavior competences. *School Psychology Review*,35(3),493 – 501.

Reiss,D. (1989). The represented and practicing family: Contrasting visions of family continuity. In A. J. Sameroff & R. N. Emde (Eds.). *Relationship disturbances in early children: A development approach* (pp. 191 – 220). New York: Basic Books.

Rhule,D. M. ,McMahon,R. J. ,Spieker,S. J. ,& Munson,J. A. (2006). Positive adjustment and associated protective factors in children of adolescent mothers. *Journal of Child and Family Studies*,15(2),224 – 244.

Rokach,A. (2001). Criminal offense type and the causes of loneliness. *The Journal of Psychology*,135(3),277 – 291.

Rokach, A. , & Cripps, J. E. (1999). Incarcerated men and the perceived sources of their loneliness. *International Journal of Offender Therapy and Comparative Criminology*,43(1),78 – 89.

Ross,R. R. ,Fabiano,E. A. ,& Ross,R. D. (1986). *Reasoning and rehabilitation.* Ottawa: University of Ottawa.

Rubin, K. H. , Chen, X. , McDougall, P. , Bowker, A. , & McKinnon, J. (1995). The Waterloo longitudinal project: Predicting internalizing and externalizing problems in adolescence. *Development and Psychopathology*, 7(4),751 – 764.

Ruchkin,V. V. ,Eisemann,M. ,Koposov,R. A. ,& Hägglöf,B. (2000). Family functioning, parental rearing and behavioural problems in delinquents. *Clinical Psychology and Psychotherapy*,7(4),310 – 319.

Rutger, C. M., Catrin, F., & Wim, M. (2001). Parental attachment and adolescents' emotional adjustment: The associations with social skills and relational competence. *Journal of Counseling Psychology*, 48(4), 428 – 439.

Rutter. (1987). Psychosocial resilience and protective mechanisms. *American Journal of Orthopsychiatry*, 57(3), 316 – 331.

Rutter, M. (1979). Protective factors in children's responses to stress and disadvantage. In M. W. Kent & J. E. Rolf (Eds.), *Primary prevention of psychopathology: Social competence in children* (pp. 49 – 74). Hanover, NH: University Press of New England.

Sameroff, A. J. (1998). Environment risk factors in infancy. *Pediatrics*, 102, 1287 – 1292.

Sameroff, A. J., Seifer, R., Zax, M., & Barocas, R. (1987). Early indicators of developmental risk: Rochester longitudinal study. *Schizophrenia Bulletin*, 13, 191 – 199.

Santesso, D. L., Reker, D. L., Schmidt, L. A., & Segalowitz, S. J. (2006). Frontal electroencephalogram activation asymmetry, emotional intelligence, and externalizing behaviors in 10-year-old children. *Child Psychiatry and Human Development*, 36(3), 311 – 328.

Serin, R. C., & Amos, N. L. (1995). The role of psychopathy in the assessment of dangerousness. *International Journal of Law and Psychiatry*, 18, 231 – 238.

Shaw, C. R., & McKay, H. D. (1942). *Juvenile delinquency and urban area.* Chicago: University of Chicago Press.

Shek, T. L., & Ma, H. K. (2001). Parent-adolescent conflict and adolescent antisocial and prosocial behavior: A longitudinal study in a chinese context.

Adolescence,36(143),545 – 555.

Siu,A. M. H. ,& Shek,D. T. L. (2005). Relations between social problem solving and indicators of interpersonal and family well-being among Chinese adolescents in Hong Kong. *Social Indicators Research*,71,517 – 539.

Smeroff,A. J. ,Seifer,R. ,Barocas,R. ,Zax,M. ,& Greenspan,S. (1987). Intelligence quotient scores of 4-year-old children:Social environmental risk factors. *Pediatrics*,79,343 – 350.

Stewart,S. L. ,& Rubin,K. H. (1995). The social problem solving skills of anxious-withdrawn children. *Development and Psychopathology*,7, 323 – 336.

Sylvestrea,A. ,& Mérettec,C. (2010). Language delay in severely neglected children:A cumulative or specific effect of risk factors. *Child Abuse & Neglect*,34, 414 – 428.

Thornton,D. ,Beech,A. ,& Marshall,W. L. (2004). Pretreatment self-esteem and posttreatment sexual recidivism. *International Journal of Offender Therapy and Comparative Criminology*,48(5),587 – 599.

Tidmarsh,P. ,Eger,D. ,Dennison,S. ,Moriarty,N. ,& Stough,C. (2001). Deficits in emotional intelligence underlying adolescent sex offending. *Journal of Adolescence*,24, 743 – 751.

Tisdelle,D. A. ,& Lawrence,J. S. S. (1988). Adolescent interpersonal problem-solving skill training:Social validation and generalization. *Behavior Therapy*,19(2),171 – 182.

Tittle,C. R. (1983). Social class and criminal behavior:A critique of the theoretical foundation. *Social Forces*,62, 334 – 358.

Tittle,C. R. ,Villemez,W. J. ,& Smith,D. A. (1978). The myth of social class and criminality:An empirical assessment of the empirical evidence.

American Sociological Review, 43, 643 – 656.

Trentacosta, C. J., Hyde, L. W., Shaw, D. S., Dishion, T. J., Gardner, F., & Wilson, M. (2008). The relations among cumulative risk, parenting, and behavior problems during early childhood. *Journal of Child Psychology and Psychiatry*, 49, 1211 – 1219.

Trinidad, D. R., & Johnson, C. A. (2002). The association between emotional intelligence and early adolescent tobacco and alcohol use. *Personality and Individual Differences*, 32, 95 – 105.

Unnever, J. D., Cullen, F. T., & Travis, C. P. (2003). Parental management, ADHD, and delinquent involvement: Reassessing Gottfredson and Hirschi's General Theory. *Justice Quarterly*, 20(3), 471 – 500.

Winters, J., Clift, R. J. W., & Dutton, D. G. (2004). An exploratory study of emotional intelligence and domestic abuse. *Journal of Family Violence*, 19(5), 255 – 267.

Wood, P. B., Pfefferbaum, B., & Arneklev, B. J. (1993). Risk-taking and self control: Social psychological correlates of delinquency. *Journal of Crime and Justice*, 16, 111 – 130.

Damon, W., & Lerner, M. R. (2009). Handbook of Child Psychology (sixth edition): Social, Emotional, and Personality Development. 林崇德,李其维和董奇等译,上海:华东师范大学出版社.

蔡建红. (1999). 犯罪青少年的自尊水平及与家庭因素的关系. 中国临床心理学杂志, 7(2), 97 – 98.

陈建文. (2001). 青少年社会适应的理论与实证研究:结构、机制和功能. 博士学位论文,西南师范大学.

陈灵. (2006). 学龄前儿童气质、智能与社会适应能力的相关分析. 中国学校卫生(5),406-407.

池莉萍,王耘.(2002).婚姻冲突与儿童问题行为关系研究的理论进展.心理科学,10(4),411-417.

池丽萍.(2005).认知评价在婚姻冲突与儿童问题行为之间的作用:中介还是缓冲?心理发展与教育,22(2),30-35.

迟滨光.(2002).北京市青少年违法犯罪情况的调查分析.见中国青少年犯罪研究会.中国青少年犯罪研究年鉴-2001(pp.158-163).北京:中国方正出版社.

丛梅.(2002).天津市青少年犯罪问题的发展趋势及对策分析.见中国青少年犯罪研究会.中国青少年犯罪研究年鉴-2001(pp.168-172).北京:中国方正出版社.

戴宜生.(2002).关于二十世纪八十、九十年代中国青少年违法犯罪状况及趋势分析.见中国青少年犯罪研究会.中国青少年犯罪研究年鉴-2001(pp.334-339).北京:中国方正出版社.

单婷婷.(2007).男性犯罪青少年人际信任与社会支持、应对方式的关系研究.广西青年干部学院学报,17(2),11-13.

丁飞.(2009).论我国青少年犯罪的现状与特点.中国商界(7),82-83.

法帮网.(2010).青少年犯罪的特点及预防.http://wenku.baidu.com/view/ab6ffe284b73f242336c5f16.html.

方晓义,徐洁,孙莉,张锦涛.(2004).家庭功能:理论、影响因素及其与青少年社会适应的关系.心理科学进展,12(4),544-553.

方晓义,张锦涛,孙莉,刘钊.(2003).亲子冲突与青少年社会适应的关系.应用心理学,9(4),14-21.

方晓义,董奇.(1998).初中一、二年级学生的亲子冲突.心理科学,21(2),122-125.

侯珂.(2007).青少年自我中心的特点及其对社会适应的影响.博士学位论文,北京师范大学.

黄小娜,张建端,彭安娜,吴静,骆天霞,石淑华.(2006).家庭因素对学龄前儿童社会适应行为的影响.中国妇幼保健(16),2270-2272.

金灿灿,邹泓,侯珂.(2011).情绪智力和父母社会支持对犯罪青少年社会适应的影响:直接效应还是缓冲效应?.心理科学,34(6),1353-1359.

金灿灿,邹泓,李晓巍.(2011).青少年的社会适应:保护性和危险性因素及其累积效应.北京师范大学学报(社会科学版),(1),12-20.

康树华.(2000).青少年犯罪与治理.北京:中国人民公安大学出版社.

李慧民.(2003).犯罪青少年个性与父母养育方式的相关研究.中国学校卫生,24(4),326-327.

李文道,邹泓,赵霞.(2003).初中生的社会支持与学校适应的关系.心理发展与教育,20(3),73-81.

李文道,邹泓,赵霞.(2005).初中生的社会支持与人格的关系.心理科学,28(4),868-871.

林彬彬.(2009).未成年人犯罪类型研究.河南公安高等专科学校学报(2),101-103.

刘长琨,陈田,夏以群.(2006).四川、重庆两地未成年人犯罪调研和思考.青少年犯罪研究(3),22-28.

刘春芳,陶炜,田芬.(2011).中国未成年人犯罪呈上升趋势 辍学生比例过半.http://www.chinanews.com/edu/2011/04-08/2959718.shtml.

刘艳,邹泓.(2010).中学生的情绪智力及其与社会适应的关系.北京师范大学学报(社会科学版)(1),65-71.

罗大华,何为民.(2002).犯罪心理学.杭州:浙江教育出版社.

麻国安. (2010). "尊龙名社"——未成年人犯罪团伙新动向. 青少年犯罪问题(2), 70.

聂衍刚. (2005). 青少年社会适应行为及影响因素的研究. 博士学位论文, 华南师范大学.

屈智勇. (2005). 青少年犯罪: 发展轨迹及家庭因素、价值观和自我控制的作用. 博士学位论文, 北京师范大学.

屈智勇, 邹泓, 张秋凌. (2006). 基于自我控制理论的青少年犯罪研究. 中国心理卫生杂志, 20(10), 650−652.

邵阳, 谢斌, 乔屹, 黄乐萍. (2009). 男性暴力型违法犯罪青少年的愤怒情绪特征与父母教育方式对照研究. 中国临床心理学杂志, 17(4), 481−483.

汪力, 李高峰. (2009). 人格障碍者犯罪的刑事责任研究. 福建政法管理干部学院学报(1).

汪向东, 王希林, 马弘. (1999). 心理卫生评定量表手册. 北京: 中国心理卫生杂志社.

王才康. (2002). 自我效能感、应付方式和犯罪青少年抑郁的相关研究. 中国临床心理学杂志, 10(1), 36−37.

王永丽, 林崇德, 俞国良. (2005). 儿童社会生活适应量表的编制与应用. 心理发展与教育, 22(1), 109−114.

韦小满. (1996). 儿童适应行为量表的研制与儿童适应行为特征的分析. 博士学位论文, 北京师范大学.

魏运华. (1999). 父母教养方式对少年儿童自尊发展影响的研究. 心理发展与教育, 16(3), 7−11.

吴昀昇, 许学军. (2009). 浅谈未成年人犯罪的特点、原因及预防. 中小企业管理与科技(9), 150−151.

郗杰英.(2002).预防闲散未成年人违法犯罪研究报告.北京:中国档案出版社.

向小平.(2006).工读生不良行为的家庭影响因素.硕士学位论文,北京师范大学.

徐绫泽,周亮.(2007).犯罪类型学研究.中国人民公安大学学报(社会科学版)(6),37-40.

徐韬园,施慎逊,林霞凤,忻仁娥,郑毅,李宝林等.(2000).AAMD适应行为量表在我国的应用.中国心理卫生杂志,14(3),156-160.

宣兆凯.(1999).家庭教育研究的理论方法模型——家庭支持系统.教育研究(11),63-69.

薛静.(2006).河北省近十年来未成年人违法犯罪状况、特征和发展趋势.青少年犯罪问题(3),14-20.

杨放如,郝伟,魏宏萍,李飞,罗文凤.(2009).青少年犯罪危险因素、保护因素及其社会生态学预防模式的探讨.实用预防医学,16(1),31-34.

杨士隆.(2002).犯罪心理学.北京:教育科学出版社.

杨颖.(2009).中学生社会问题解决能力的结构、特点与功能.硕士学位论文,北京师范大学.

杨颖,邹泓,余益兵,许志星.(2011).中学生社会问题解决能力的特点及其与社会适应的关系.心理发展与教育,28(1),44-51.

姚树桥,龚耀先.(1994).儿童适应行为评定量表操作手册.长沙:湖南医科大学.

叶苑.(2007).基于问题行为理论的青少年犯罪的危险因素与预防因素研究.博士学位论文,北京师范大学.

余益兵.(2009).中学生社会适应状况的评估及其家庭危险性因素与保护性因素.博士学位论文,北京师范大学.

张安民,孟祥芝.(1995).犯罪与非犯罪青少年自我概念比较研究.青少年犯罪研究(4),40-41.

张春妹.(2006).不良同伴对青少年犯罪的影响机制.博士学位论文,北京师范大学.

张春兴.(1992).张氏心理学大辞典.上海:上海辞书出版社.

张琼,姚树桥.(2003).学龄期儿童适应技能评定量表的初步编制.中国心理卫生杂志,17(3),161-163.

张秋凌.(2005).青少年犯罪的影响因素:人格、自我控制、家庭功能与亲子依恋.博士学位论文,北京师范大学.

张应力,涂学华.(2005).论我国团伙犯罪的发展变化趋势与对策.青少年犯罪问题(4),31-35.

张远煌,姚兵.(2010).中国现阶段未成年人犯罪的新趋势——以三省市未成年犯问卷调查为基础.法学论坛,25(1),90-96.

郑建君,杨继平.(2008).犯罪青少年归因风格与应对风格的相关研究.2008(1),73-77.

周晖,张豹,谭锐,黄鸣鹤.(2008).中学生社会适应状况问卷的编制及其信效度的初步检验.中国健康心理学杂志,16(9),1005-1008.

朱智贤.(1989).心理学大辞典.北京:北京师范大学出版社.

邹泓.(2003).青少年的同伴关系——发展特点、功能及其影响因素.北京:北京师范大学出版社.

邹泓,刘艳,李小青,蔡颖.(2008).中学生情绪智力的结构及其与人格五因素、友谊质量的关系.北京师范大学学报(社会科学版)(1),57—64.

后　记

本书的出版得益于"中央高校基本科研业务费专项资金"（TD2011-15）（项目名称：生态主义心理学的理论建构与实践探索）的资助。本成果也得到了教育部人文社科重点研究基地重大项目（05JJDXLX001）的支持，在此对有关单位一并表示感谢！

需要说明的是，本书不完全是作者个人的研究成果，它也是"青少年社会适应的保护性因素和危险性因素评估"（教育部人文社科重点研究基地重大项目）课题组集体成果的一部分。没有课题组其他成员的帮助，作者不可能完成此书。在本书的撰写过程中，课题组其他成员的建议和观点使得作者深受启发。本书使用的数据资料也是集体的成果。问卷设计和总体协调主要由余益兵和作者负责。段晓英老师对问卷使用给出了中肯的建议，她和叶苑一起寻找了上海和云南的犯罪未成年人被试。周晖、李彩娜、张春妹、刘聪颖、张冲、杨颖、张俊、姜斌等其他课题组成员在问卷施测和数据分析等方面也做了大量工作。

特别要感谢的是课题组负责人邹泓教授，她是作者的硕士生和博士生指导教师。在作者攻读博士期间，她经过反复考虑和与作者商讨，最终让作者确定了犯罪未成年人社会适应的研究方向。她让作者参与这方面的研究，并允许作者使用课题组数据撰写此书，此外她在多方面指导了作者的研究工作，在此特别表示感谢！

感谢中央编译出版社的领导和编辑为本书的出版给予的支持和辛苦的付出！

金灿灿

2013 年 5 月 9 日

图书在版编目(CIP)数据

犯罪未成年人的社会适应及其影响因素/金灿灿著
—北京:中央编译出版社,2013.8
ISBN 978-7-5117-1741-2

Ⅰ.①犯…

Ⅱ.①金…

Ⅲ.①犯罪青少年-社会生活-适应性-影响因素-研究

Ⅳ.①C913.5

中国版本图书馆 CIP 数据核字(2013)第 177921 号

犯罪未成年人的社会适应及其影响因素

出 版 人	刘明清
出版统筹	薛晓源
责任编辑	陈 琼
责任印制	尹 珺
出版发行	中央编译出版社
地 址	北京西城区车公庄大街乙 5 号鸿儒大厦 B 座(100044)
电 话	(010)52612345(总编室)　(010)52612352(编辑室) (010)66161011(团购部)　(010)52612332(网络销售) (010)66130345(发行部)　(010)66509618(读者服务部)
网 址	www.cctphome.com
经 销	全国新华书店
印 刷	北京金瀑印刷有限责任公司
开 本	787 毫米×1092 毫米　1/16
字 数	150 千字
印 张	12.75
版 次	2013 年 8 月第 1 版第 1 次印刷
定 价	50.00 元

本社常年法律顾问:北京市吴栾赵阎律师事务所律师　闫军　梁勤
凡有印装质量问题,本社负责调换,电话:010-66509618